金融刺客·金融战役史系列丛书

水城的泡沫

——威尼斯金融战役史

江晓美 著

中国科学技术出版社

·北 京·

图书在版编目（CIP）数据

水城的泡沫：威尼斯金融战役史/江晓美著. —北京：中国科学技术出版社，2009.5

（金融刺客：金融战役史系列丛书）

ISBN 978-7-5046-5449-6

Ⅰ. 水… Ⅱ. 江… Ⅲ. 金融-经济史-威尼斯 Ⅳ. K835.469

中国版本图书馆 CIP 数据核字（2009）第 069732 号

责任编辑：王明东　张　群
封面设计：耕者工作室 李丹
责任校对：林　华
责任印制：王　沛

中国科学技术出版社出版

北京市海淀区中关村南大街 16 号　邮政编码：100081

电话：010—62103210　　传真：010—62183872

http://www.kjpbooks.com.cn

科学普及出版社发行部发行

北京玥实印刷有限公司印刷

*

开本：787 毫米×960 毫米 1/16　印张：10.75　字数：200 字

2009 年 6 月第 1 版　2009 年 6 月第 1 次印刷

印数：1—5000 册　　定价：30.00 元

ISBN 978- 7-5046-5449-6/F・655

你的美丽就像威尼斯

（代前言）

拜伦曾经说过："凡事涉及威尼斯就是不平凡。她的容貌像一个梦，她的历史像一段传奇。"

"威尼斯商人"留下一座美丽的水城，流动的清波述说着诡异的风情。

"威尼斯商人"阴谋的火焰催生了金融热战。

"威尼斯银行家"智慧的花朵主导了欧洲的一切。

"威尼斯共和国"这只蚂蚁，成功地杀死了大象（罗马帝国）。

这不是癫狂的闹剧，就是空前的骗局。

金融资本点燃虚拟经济的篝火，留下废墟和哭泣。

金融资本，你的美丽就像威尼斯，但永远被水萦绕着，这水就是"虚拟经济的泡沫"。

序 言

地球有几十亿年的历史了，但这不是说地球是凭空出现的。地球上有黄金，这是一种必须由太阳 8 倍质量的恒星"死亡"（由氢元素开始的聚变过程终结后）才可以"制造"的元素。从本质上讲黄金、氢，还有我们的世界（当然，也包括我们的身体）没有任何的差异。

"私有制"出现以后，人们开始把物质分为"你的"和"我的"、"有用的"和"无用的"……物质的多样性让人们必须寻找一种"通用的衡量媒介"——货币就出现了。

这个有意无意间出现的事物，纯粹是人类的臆想，它表现着物质世界，却存在于人的思想和心灵。如果没有人的存在，货币符号分文不值，这就是货币和它所表示的物质世界的本质不同。人类把自己对物质世界的利用、改造能力（当然还有一些其他乱七八糟的东西），统称为"经济"，很显然"经济"比"货币"要早出现许多个年头，但货币却更加神奇。

因为，货币出现以前，经济其实只有两个部分：物质生产的实践和人口生产的实践；货币出现以后，经济却分为了："虚拟经济"和"实体经济"。一些"物质集合体"，也就是一些"人"发现了操纵"虚拟经济"的货币符号，就可以反过来影响"实体经济"。在私有制阶段，这无疑可以占有更多的物质和主导物质的权力。在漫长的历史长河中，这种操纵"货币符号"的策略发展到了艺术的水平，这种"艺术"就是金融战役学。

本书是一个世界金融战役简史的开篇。这个系列将用真实的史实、公正的态度、独特的视角，给尊敬的读者讲述一个您从来就不曾了解的金融战役史。这是一个充满了欺诈、阴谋、背叛的诡异历史，是一部有关"金钱与智慧"的史诗。

根本就不需要任何加工，无数大智大慧的银行家、贵族、学者、工匠、商人、艺术家……在人类历史的过程中创造了精彩无比的历史，今天的一支笔，几行字不过记录下了无数次"金钱较量"的万分之一。金融战役史何尝不是一场又一场真实的迷梦呢？让我们进入智者的梦乡，重温那些罪恶的智慧吧。

目　录

第九章 "一句话"的世界金融战役简史

第一章

金融资本缔造的第一个国家

——"威尼斯共和国"（697～1797 年）

一、金融资本与"威尼斯共和国"

金融战役史不同于科技史、金融史，它是一个必须从历史资料文献中挖掘的阴谋史。在这些充满欺诈、诡异和阴谋的独特的人类历史中，威尼斯这座美丽的城市有着举足轻重的地位。

公元 687 年，匈奴王"上帝之鞭"阿提拉攻掠阿奎利亚，一些农夫、渔民和商人为了躲避战争，来到亚得里亚海湾一片充满沼泽的半岛。他们在那里建立了社区，由总督（doge）管辖（开始称作"威尼斯公爵"），史称"拜占庭威尼斯群岛"。

9 世纪 40 年代，古威尼斯商业与手工业日益发达，成为实际独立于罗马拜占庭帝国的"城邦国家"。

公元 1203 年，"威尼斯共和国"国力空前强大。"威尼斯总督"恩里科•丹多洛凭借出色的金融战天赋，把罗马帝国的首都君士坦丁堡洗劫一空，分得了传说中"四分之一又八分之一"的"城邦领土"。

14 世纪，"威尼斯共和国"成为意大利最强大、最富有的"城邦国度"。

公元 1418 年，"威尼斯共和国"的"民族英雄"卡罗•泽诺（Carlo Zeno）去世，"威尼斯共和国"盛极而衰。

公元 1454 年，"威尼斯共和国"成为君士坦丁堡"名义上的附属国"。

公元 1508 年，"康布雷（Cambrai）联盟"击败"威尼斯共和国"，"威尼斯共和国"走向没落。

公元 1797 年，拿破仑的战舰开进"威尼斯运河"，"威尼斯共和国"（威尼斯语: Serenìsima Repùblica Vèneta; 意大利语: Serenissima Repubblica di Venezia）寿终正寝。

公元 1866 年威尼斯地区并入意大利共和国。

图片说明：古代"威尼斯共和国"（公元697～1797年）15世纪的"版图"，约为1494年时"威尼斯共和国"（意大利右上方）的"疆域"。

可以说"威尼斯共和国"的兴衰，是世界上第一个由金融资本主导的

"国家"兴衰——"空前的繁华和强大"随着金融资本到来而突然出现，又由于金融资本的掠夺和抛弃，在那个不可思议的时刻，变成了过眼云烟。问题是："威尼斯共和国"从来就没有强大过，"繁荣"也从来就没有出现过，一切不过是金融资本点燃的一堆虚拟经济的诡异篝火，然后只留下一堆废墟和哭泣的人们（本书中的**"威尼斯商人"**就是悄悄地点燃金融战火焰，又悄悄地离开的欧洲**早期跨国垄断金融资本**。唯一无法确定的是：究竟是金融资本在控制金币，还是金币本身就是活的资本怪物？）。

这一切又是如何产生的呢？

二、威尼斯地区

威尼斯（意大利文 Venezia）是意大利东北部的城市，市区涵盖意大利东北部亚得里亚海海边的小岛和邻近一处半岛。威尼斯有很多运河，故有"水乡"的美誉。威尼斯中心旧市区街道狭窄，是行人步行区，禁止汽车进入，是欧洲最大的无汽车地区。2003 年人口 27.4 万人。

"威尼斯共和国"的建立可回溯到 568 年。当时，意大利北部遭受伦巴底人（Lombards，古日耳曼人的一支）的攻击，许多难民逃到威尼斯地区避难。8 世纪，"古威尼斯人"抵抗贝宾三世[PepinIII，714～768 年，绰号"矮子贝宾"。他是法兰克国王（751～768 年）"查理曼大帝"的父亲，加洛林王朝的创建者]的帝国扩展，而附属于罗马拜占庭帝国。

当"威尼斯"逐渐强大起来，罗马拜占庭帝国又"无暇顾及"之时，"威尼斯"就取得了"自治权"，成立了"威尼斯共和国"（9～18 世纪），由"威尼斯总督""统治"（前期为"威尼斯公爵"，这个演变后面要专门提到，有复杂的背景）。"威尼斯共和国"一直拥有强大的海上实力，主导着地中海贸易。除此之外，"威尼斯共和国"也是文艺复兴时代重要的金融、商业（尤其是香料和贵金属贸易）与艺术中心。

1797 年 5 月 12 日，"威尼斯共和国"被法国拿破仑的军队攻陷，失去了几百年来的自治权。拿破仑在 1797 年 10 月 12 日按照干波佛米奥条约（Treaty of Campo Formio）把威尼斯地区交于奥地利，"奥地利当局"在 1789 年 1 月 18 日正式接管威尼斯地区。1805 年，拿破仑与"奥地利"签署伯勒斯堡条约（Treaty of Pressburg），又从"奥地利"手中取回了威尼斯，并把其纳入自己的"（法属）意大利王国"内。1814 年，随着拿破仑的战败，威尼斯地区又再次被"奥地利"统治。1866 年，威尼斯成为现在

意大利的一部分。

1966 年 11 月 4 日，大潮涌入潟卤（盐碱地或产盐的海滩之意）古城，圣马可广场陷入水深 1.2 米以下，大水造成 5000 多人无家可归，并摧毁无数的艺术作品。且当年水淹次数高达 100 多次。

三、效率市场理论

20 世纪后期，大多数西方经济学家热衷于效率市场理论（efficient markets theory），该理论认为在纯粹的市场模式里，产生泡沫的可能性将被清除。至于历史上所发生的"金融危机"，市场效率理论把它们一律归结为市场发育不成熟、欺诈盛行，并认为这些金融灾难不可能发生在当今复杂、监管有力的市场环境中。

但事实并非如此，根据世界银行统计，近二十年来整个世界发生大小"金融危机"108 次，越是"金融开放"的国家，"金融危机"的影响越严重，"小"则导致投资者的巨大损失，"大"则导致一个国家的消亡。很少有一次"金融危机"局限在某一个国家和地区，大多随着"全球性的交易体系"迅速蔓延到整个世界，导致了包括许多拉美国家、非洲国家长期陷入"债务性虚拟增长"（就是实体经济发展速度，落后于债务规模增长速度）。

这就让人们不得不思考一个问题：究竟是"市场经济"不完善导致了"金融危机"，还是"市场经济"本身导致了"金融危机"？深层次的问题在于：**美元虚拟经济真是"市场经济"吗？**这些所谓的"金融危机"越来越频繁、规模越来越大、涉及金额越来越多[在 2007 年的"次贷危机"中，仅美国"信贷违约互换（CDS）"等一类虚拟交易就导致高达 62 万亿美元的"债务"]，甚至明显超过了世界实体经济的规模。可这些超过世界实体经济规模的债务，根本不可能在实体经济中产生——它们只存在于虚拟经济中，这些所谓的"金融危机"也不过是美元虚拟经济的"危机"。

美元虚拟经济制定了这些"市场规则"，又通过衍生金融工具不断扭曲这些规则来获取虚拟利润和对实体经济的主导，结果就导致了整个世界经济不断陷入"金融不稳定状态"，也就是媒体所说的"金融危机"。

在历次金融危机中，导火索都离不开三个词汇："国际炒家（国际债权人）"、"美元债务"、"热钱"，而这些所谓的"美元债务"又都无一例外的由"国际炒家（国际债权人）"从一个国家或地区突然抽出"热钱"后，"突然出现"的……

四、"热钱"的始祖

"威尼斯共和国"的"繁荣"可以追溯到 9 世纪。那时，欧洲商业资本已经有了一定的积累，并且由于古代欧洲地区黄金和白银长期供给不足，出现了一种金币可以主导欧洲实体经济（发展）的特殊现象，这种情况和目前美元虚拟经济主导世界实体经济不同，但影响和后果却非常类似。这时，只要掌握了金币，就实际掌握了一个国家或地区的经济发展速度。金币的秘密流动如同一条隐秘的暗河滋润着由于货币干渴而陷入停滞，甚至衰退的欧洲各国的实体经济。这时，金币不再是货币，而是一种无上的权力。

金币流动到哪里，哪里就是一片繁荣，而离开时，那里又变成了一片废墟。这种特殊的现象造就了"威尼斯共和国"的"繁荣"，也造就了威尼斯城本身。可以说，"威尼斯共和国"就是欧洲热钱资本在萌芽期一手建造一座由金融资本控制并拥有的"金融飞地"，一个"金融国家"。这种国家不同于以往的民族国家，而是由金融资本缔造，并主导的"公司国家"。这种"金融飞地"所依托的国家、地区的政权已经消亡，所谓的"英雄"不过是保护金融资本的银行雇佣军。

在 9 世纪以后，随着夜幕的降临，一车又一车的金币、银币如同一条活的怪物一样，秘密爬进了早期的威尼斯。之后，一座又一座建筑拔地而起，欧洲的商人们因为金币匮乏被迫前往"威尼斯共和国"进行转账交易，交易所一个又一个地建立了起来，一个空前繁荣的"威尼斯共和国"凭空出现在欧洲的大地上。这一切不是由于威尼斯地区具有某种战略价值，实际可能恰恰相反——由于古代的威尼斯是欧洲各种政治势力控制最薄弱的"边陲小镇"，是一个"三不管地区"（是很多大的"辖区"之间不具备经济和战略价值的小块地区）。

8 世纪，"古威尼斯人"抵抗贝宾三世的帝国扩展，与罗马拜占庭帝国结成联盟（有的历史学家认为是附属国关系，这其实就是"名义依附"，实际是古代欧洲独立的弱小国家与强大国家结盟的一种常见形式），其"弱小的现实"和"不妙的前景"不需要多高明的政治眼光就可以预见，但欧洲金融资本却看到了"威尼斯"——这个"巨大齿轮之间的坚硬的小滚珠"的价值，开始进行全力扶植，随着大量资本的涌入，"威尼斯城邦"的商人雇佣军力量得到了增强，征服这个地区的难度逐渐超过了"预期的回报"，"威尼斯城邦"开始作为一根"鸡肋"，得到了独立于欧洲大陆各霸主的"超然地位"。

水城的泡沫——威尼斯金融战役史

此后，"威尼斯城邦"逐渐发展强大。当罗马拜占庭帝国没落之时，"威尼斯城邦"变成"威尼斯共和国"（9～18世纪），由"威尼斯公爵"（由金融贵族"选举"，类似于"威尼斯共和国的总统"，"威尼斯公爵"是由于早期需要在名义依附于罗马拜占庭帝国，故只能把"选举"的"首领"称作"公爵"，近代与意大利合并后，则普遍把后期的"推举管理者"译作"总督"，实际并不是普通意义的"总督"，因为并没有人派遣）统治。"威尼斯共和国"曾经拥有强大的海上军事势力，也是文艺复兴时期重要的金融、商业、政治与艺术中心。

"热钱"的涌入，固然开创了"威尼斯共和国"的繁荣，但也带来了围绕金币控制权的征伐和动荡，这些战乱给"古威尼斯人民"带来的苦难远远大于"利益"，当"热钱"消失的时候，"威尼斯共和国"作为一个独立的国家迅速地消亡了。所以，"威尼斯共和国"也是世界上第一个毁于热钱的"国家"。

五、（现代）威尼斯简介

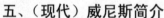

图片说明：《威尼斯》由画家加纳莱托在1730年所绘（"威尼斯共和国"的想象图）

威尼斯是一座美丽的"水城"，现在是意大利东北部的一座城市，也是威尼托的首府。威尼斯的水道举世闻名，城市的大部分是建在打入到潟湖湖底的数百万计的木桩之上的。在漫长的历史过程中，整座城市下沉了约

76.2 厘米。潟湖上的 118 座群岛由 150 条水道交织而成。构成威尼斯的岛屿约有 400 座桥梁。在古老的城市中心，运河取代了公路的功能，主要的交通模式是步行与利用水上交通工具贡拉多。因此，威尼斯又被称为"水都（城）"、"桥之城"、"亚得里亚皇后"、"光之城"等，堪称世界最美丽的城市之一。

威尼斯地区目前总面积为 412 平方千米，人口 271251 人（2004 年），是一个风景宜人的小城。但在历史上，"古威尼斯"曾经是欧洲金融资本集聚之地，诞生过一个拥有无上权力的"金融之国"，在几百年的时间里，左右着欧洲的政治、军事、经济和文化的走向，直到"文艺复兴"时期被金融资本抛弃后，影响力才日渐式微。

六、金融资本的来源

决定威尼斯兴衰的神秘的金融资本，到底来自何方？历史学家说法不一，大部分倾向于认定"威尼斯的开拓者"来自罗马帝国的一些"逃难商人"，这种说法是有一定道理的。因为在欧洲金融资本形成初期，主要是由各国皇室、贵族构成的上流社会与服务于这个阶层的"金银匠"、"大商人"、"高利贷者"共同主导。本来是欧洲皇族、贵族把一些多余的金银委托"商人"进行放贷和采买，这在初期毫无疑问是一个"主仆关系"，但这些聪慧狡诈、坚韧吝啬的商人所拥有的金币可以继承和积累，而欧洲政治版图的不断变化却导致贵族兴衰更迭频繁，甚至皇族都很难长期保有大量财富而"不花出"，"主仆关系"也就出现了不引人察觉的"对调"。这个时期（8～14 世纪），正处于欧洲开拓"海外领地"的"酝酿期"，欧洲经济长期面临黄金短缺的窘境，陷入了一个漫长的大萧条时期——史称"中世纪"。

所谓的"中世纪"，从金融角度来说是一个货币匮乏导致的通货紧缩性经济危机，始作俑者从客观来说是黄金总量的不足，但推波助澜，通过囤积金币，加重这场金融危机，并开始走上幕后主导欧洲政治、军事、文化宝座的，就是这些"商人"，更准确地说是一些："（从事采买、理财的）专职或贴身的仆人"、金银匠、珠宝商、"人口贩子"、"高利贷者"、"贵族掮客"、"海盗"。他们从 8 世纪后，已经从"仆人"变成了"主人"，开始秘密接管了整个欧洲的统治权，并开创了第一个金融国家——"威尼斯共和国"。

8 世纪的欧洲，黄金短缺、战乱频繁，人们对金融战役的认识尚属一

片空白，就给了"威尼斯商人"一个天赐良机。莎士比亚在金融喜剧《威尼斯商人》中对"高利贷者"——"夏洛克"（欧洲文学作品中四大吝啬鬼之一，另三个分别是法国剧作家莫里哀喜剧《悭吝人》中的阿巴贡、俄国作家果戈里长篇小说《死魂灵》中的泼留希金、法国作家巴尔扎克长篇小说《欧也妮·葛朗台》中的葛朗台）这个角色，百般嘲讽，让贵族占尽了"上风"。但历史却恰恰相反[这个戏剧中的正面角色就是"威尼斯商人"，把他们和"高利贷者"对立起来，这和"威尼斯银行家"一直制造的、极具欺骗性"反借贷浪潮"有关（"威尼斯银行家"表面是"反对"高利贷的，他们却是一群如假包换的高利贷者），后面会专门提及]，欧洲贵族生活奢靡、大手大脚，有一套由"商人们"安排的"高尚生活模式"。除了少数贵族外，大多数欧洲贵族都是盘踞在"威尼斯共和国"的金融资本的"债务人"。后来逐渐主导了西方经济，乃至各国货币发行权的"国际债权人"，就由"威尼斯债权人"演变而来。

欧洲各国的贵族为了从"威尼斯商人"手中借贷金币，丑态百出，表面上又不屑与"仆人"为伍，暗地里勾结"威尼斯商人"，从出卖国家机密到协助组建"政治海盗"在大海上杀人越货，无所不为。直到现在，这些"商人情报集团"所搜集的情报原件依然是欧洲历史学家研究当时"威尼斯共和国"乃至欧洲政治的重要档案[比如：1509 年 4 月 27 日，"威尼斯外交官"得到的有关尤利乌斯二世（"教皇"1443.12.5～1513.2.21）下令发动针对"威尼斯共和国"的"康布雷联盟"（也称"康布雷同盟"是 1508～1516 年"意大利战争"期间，由尤利乌斯二世组织的一个反对"威尼斯共和国"的联盟）战争的密报就是"欧洲贵族们"出卖国家机密的一个极好案例，至今保留完好]。

七、"政治海盗"、"威尼斯公爵"与金融资本

"威尼斯共和国"的"商人们"非常有钱，但却缺乏名誉，这不仅是欧洲封建门阀文化的体现，也是"威尼斯商人"唯利是图，不择手段导致的后果。他们往往表面依附于贵族阶层，在幕后主导着历史进程。有时，他们会用金币"捐买"一些低级的爵位，成为低级贵族，干着一些不起眼的职业，却往往掌握着生杀大权。比如：狱卒、行刑者、"低级军官"。"威尼斯商人"建立了一个跨越欧洲的"商业情报网络"，却已经不再局限于商业领域，不是"某一个国家"、"某一个王朝"、"某一个贵族"可以左右的，

是一种独立政治势力。这些"商业情报网络"实际掌握在不同商人家族手中，逐渐形成了世袭特权，欧洲大陆的"贵族、王朝和国家"不过是这些相互联姻、相互吞并的"威尼斯商人"家族的玩物和傀儡。

在 8 世纪以后的"威尼斯共和国"，表面上是由"金融贵族"推举出来的"公爵"（后来改称"总督"）掌管，但实际上"威尼斯共和国"的武装却牢牢掌握在"威尼斯商人"家族成员自己出资组建的"贵族军队"和所谓的"圣马克骑士（Cavalieri di San Marco）"手中。这些都不是"威尼斯公爵"愿意看到的，但"金融家族的私人军队"却一直保护着"威尼斯共和国"。"圣马克骑士"不是"中世纪"受到人们尊敬和认同的法定骑士阶层，而是由"威尼斯商人"家族中的一些"成员"自愿出任。如果说，"贵族军队"也许还要经过"威尼斯公爵"的某种任命，至少需要"捐买"一个"贵族封号"，那么"圣马克骑士"和"商业情报网络"则完全是一张笼罩在"威尼斯共和国"各个角落的蜘蛛网，随时可以消灭任何敢于颠覆"威尼斯商人"统治的对手。

"中世纪"的欧洲骑士地位很高，既然在"威尼斯共和国"可以"自封骑士"，那么为什么没有大量平民自封骑士呢？答案就是：资本的力量。当时"威尼斯共和国"，乃至欧洲大陆的骑士装备完全自备，需要有一个或几个仆人（包括马夫、协助穿脱盔甲者、厨师等）一年的花销超过 1000 个欧洲农民的产值，所穿着的盔甲都是专门一对一打造的、个人专用的精致铠甲非常昂贵，而且很容易在训练和战争中损毁。一匹好的骑士战马必须能够驮起非常沉重的骑士（就是所谓的"龙骑兵"），价格超过 10 个仆人（而且需要有好几匹）。这些就是"威尼斯商人"家族可以"自封骑士"的经济原因。

从"威尼斯共和国"的政治角度来说，"管理者"没有军队的实际控制权，这无疑是一场灾难。"威尼斯公爵"无力组建自己的骑士阶层，也就默认了"威尼斯商人"家族自封的"圣马克骑士"。但对于各个"威尼斯商人"家族私下组建的"贵族军队"（名义上是听从"威尼斯公爵"调遣的，实际上是悬在他头上的一把"达摩克利斯之剑"），却无可奈何，只能作出一个巧妙的规定：独立执行任务的"贵族军队"不许超过 25 人（包括领头的贵族小队长）。这个规定说明了"威尼斯公爵"的无奈和当时的一个特殊历史背景，那就是"威尼斯商人"家族还处于相互吞并的"相持"阶段，不存在，或者说"威尼斯商人们"不希望存在一个"主导家族"（除非是自己的

家族）。正是由于这个原因，"威尼斯公爵"的规定才得以执行，但也不过是聊胜于无，完全要看"威尼斯商人"集团内部斗争的结果了。

这个时期，贵族们出于对金币的贪婪和对失去贵族地位的恐惧，不断相互倾轧，表面上，他们利用"威尼斯商人""出租"的"私人军队"直接组成"政治海盗"在大海上抢劫对手财物，但他们不过是"威尼斯商人"掌握的家族武装集团放牧的"羔羊"，哪个肥了，就把哪个"拉出去"。这种由"威尼斯共和国"早期开创的"政治海盗"制度，在那时还遮遮掩掩，后来逐渐到欧洲各国在"开拓海外领地的时代"普遍公开采用，甚至到了"由欧洲各国政府发放海盗执照"的地步，相互抢劫，无恶不作，开了一个"秉持法律名义杀人抢劫"的罪恶先例。

在西方的历史记录中，有两种倾向，一种把"威尼斯公爵"称作"独裁者"；另一种把"威尼斯共和国"的"推举制度"看成是一种类似于"选举人投票"的模式，这都是荒诞的说法。"威尼斯公爵"是一个如假包换的傀儡，甚至不是一个代理人。所谓的"推举"是由金币数量决定的，"威尼斯公爵"既没有实权，也没有太多的价值，甚至是一个风险很大的"工作"。除了少数"意外死亡"或"病死"之外，几乎所有的"公爵们"最后都被迫在"修道院"中，终身不见一人，了此残生（如果他们真的还活着的话）。

这实际是一种"威尼斯商人"对"傀儡"的防范机制，因为"傀儡"是名义的"管理者"。这对于"公爵们"则实际是一种流放和终身秘密监禁，甚至是秘密处决。（这些所谓的"修道院"都是防守严密，并且由不同商人家族出资建立和主导的"私有领地"，实际是一个武装商业体系。比如：他们为了造假酒，把牛血和内脏粉末掺入劣质的葡萄酒中，冒充陈酿，销售给欧洲皇室和贵族，为"威尼斯商人"赚了大量的金币）。

八、"十人议会"与"威尼斯商人"

8世纪后创立的"威尼斯共和国"是世界上第一个由金融资本缔造的"金融国家"，不论是对"威尼斯商人"来说，还是对传统贵族势力来说都是一个"新兴事物"。虽然"商人家族"一直试图建立"幕后世袭统治"与"前台推举制"相结合的"合作模式"，但围绕实际统治权的斗争却由此变得更加残酷和激烈了，这甚至直接导致了金融资本对所谓"文艺复兴运动"的推动，其目的就是推翻欧洲贵族体制，而建立一个"赞助制度"基础上的"广泛的推举制度"。所以，从表面来说，金融资本"似乎"一直是

欧洲从"封建社会"向"资本社会"过渡的进步力量，但从本质来说，是用幕后的金融家族世袭代替了欧洲贵族阶层内部的优胜劣汰，带来了更多的问题，引发了一系列深刻和复杂的社会实践。

由于 8 世纪后参与建立"威尼斯共和国"的传统贵族们"很不适应"这种大权旁落的状态，"威尼斯商人集团"内部也正处于激烈的竞争阶段，尚没有出现一个可以稳定世袭，且占据主导地位的商人家族，所以就必须建立一个既能最大限度地把"威尼斯公爵"傀儡化，又能让各个商人家族接受的"威尼斯政体"，这个过程无疑是漫长和艰难的。

在 1223 年，"威尼斯商人"经过一系列复杂的"幕后磋商"和"血腥较力"后，决定了一种彻底削弱公爵（实际是取消，但后来的"推举总督制度"是"推举公爵制度"的变种，也由于"威尼斯商人"逐渐演变成了"威尼斯银行家"，故前期的"公爵"是傀儡，后期的"总督"是"经理人"）的职权体制。首先，由"威尼斯商业行会"代表"平民阶层"提出建立一个"平民顾问团"（即："哥兰提亚"）和"最高法庭"（即："沙罗维亚"）。这个做法让"商人家族"实际把"威尼斯共和国"的司法权、最终行政决定权、日常事务管理权全部把持在手中，并且世袭化、家族化、公司化，也就把传统的"威尼斯贵族"彻底地清除出了"决策层"。

这个"威尼斯商人统治构架"，被称作"萨比安提斯（sapientes）"，这个过程实际很漫长，是一个"传统的威尼斯贵族"和"威尼斯商人（"新兴金融贵族"）"殊死较量的过程。"威尼斯商人统治构架"逐渐扩大，并发展成 6 大部门。"萨比安提斯"辖下的六个部门名义上是"协助""威尼斯管理者"实行政府管理的"咨询机构"，实际已经彻底架空了"推举管理者"的权力。这种"银行家族"主导货币财经大权、立法权、审判权的社会模式，就是后来西方社会的"三权分立（管理权、立法权、司法权）"，其实是"三权集中"，"推举管理者"仅拥有名义上的"管理权"和"表演权"。这种幕后"协调"不是"民主政治"的体现，而是金融家族世袭权力体制的产物。

1229 年由"威尼斯商人行会"代表平民，从"平民顾问团"中选出了60 人组建了一个"参议院"，从此彻底摆脱了"平民代表"的角色，开始了"商人集团"对"威尼斯共和国"的直接统治。表面上，这段时间"威尼斯公爵"还有少许实权（名义权力），而真正的权力在"威尼斯议会"。这是一个极为封闭的组织，由"威尼斯商人"和少数"金融贵族"〔此时，

"商人"和"贵族"的界限已经消失了，因为"威尼斯商人"顾问团，也就是后来的"议会"，实际可以"建议"威尼斯公爵授予"有贡献的平民"（爵位或者出钱去各国购买一个爵位，这是当时通行的做法），而"威尼斯公爵"是不能拒绝的。所以，无法得知"商人"和"贵族"的真正比例，一般可以认为这是一个"威尼斯共和国"特有的"商人贵族群体"]。

这个特殊的"商人贵族"决策机制的决策核心，大约有10人（有时少，有时多），被历史学家称为"十人议会"。问题是，这是一个"威尼斯商人"组成的商业行会，却取得了"威尼斯共和国"的政权，从此"威尼斯商人"（这是一个"威尼斯商人"阶层出现"分化"的大分水岭，决大多数人继续在商业层面牟利，极少数人开始在政权层面牟利，前者还是"威尼斯商人"，后者演变成了"威尼斯银行家"）的业务就从"商业活动"慢慢转向了"政权主导"（包括：控制税收、利率、央行和货币发行权）。这个"十人议会"就成了"金融国家"不同于欧洲过去的民族国家、"公国"、"封地"的分水岭，也是导致"威尼斯商人"性质出现根本性转变的重大历史事件。

从表面上来说，这个时期的"威尼斯共和国"是由"威尼斯商人"（金融资本）、"威尼斯贵族"（"威尼斯公爵"为代表）、"威尼斯平民"三股力量共同执掌政权，似乎"很公正、很美妙"。所以，"威尼斯商人"普遍称之为"古典的共和国"（欧洲古代也和中国古代一样，普遍认为"上古时代"，也就是"古典时代"是最公正和最美好的，故有此说）。但事实上，"威尼斯公爵"固然已经从决策圈"出局"了，就连剩下的由"威尼斯中小商人集团"出任的"六十人议会"（类似于后来的"众议会"），也逐渐被边缘化了。

在一个漫长的历史时期内，"十人议会"并不"显山露水"，而且还故意隐藏自身的存在，但历史证明"十人议会"作为金融资本的代表不仅一直存在于"威尼斯共和国"政治制度中，而且起着绝对的主导作用。"十人议会"的成员由"威尼斯银行家族成员"世袭，形式是股份制公司，所以"金融国家"也是"公司国家"。早期的"威尼斯共和国"是一个典型的"托拉斯"（以金融力量为主导基础的垄断公司，董事会成员可实际为不同公司独立法人）或者是一个割据一方的武装金融集团。

九、罗马帝国与"威尼斯共和国"

"威尼斯商人"不论最初是否是"罗马帝国"的逃难商人，但他们的确成功地建立了世界上第一个"金融国家"——"威尼斯共和国"。可由于

"领土小"、人口少(实际是一个人口很少的城市,在整个"威尼斯共和国"期间,人口不会超过 20 万人)而"很容易"就被"商人集团"控制,但"威尼斯共和国"这样"富裕的小城邦"又成了欧洲各种势力都试图主导(又被相互制约住了)的战略要地。由于"威尼斯共和国"建立和"巩固"的过程,也恰恰是一个欧洲势力逐渐开始向外延伸的过程,威尼斯的港口和富裕也变得越来越迷人了。

图片说明:"威尼斯共和国"的"标志",约出现于 9 世纪。

"威尼斯的统治者",前期被称作"威尼斯公爵",是"威尼斯商人"的权宜之计,他们明智地与罗马拜占庭帝国保持了"附属国"的关系,但这种附属关系不仅脆弱,而且危机四伏。由于野心勃勃又拥有"花不完的金币"的"威尼斯商人"的存在,历史出现了戏剧性的变化。

威尼斯的开拓者可能为罗马城市的商业难民,为了逃避"古日耳曼人"的攻击,通过帕多瓦、阿奎莱亚、Altino 及 Concordia(今"格鲁阿罗港")来到了美丽的威尼斯。但这个迁徙途径对于觊觎者,也同样具有利用价值。公元 166~168 年,夸迪人(Quadi,古日耳曼人中的一支)和马可曼尼人(Macromanni,古日耳曼人中的一支)多次洗劫了威尼斯,罗马帝国的防线被西哥德人在 5 世纪初期攻破,威尼斯又一次遭到了洗劫。50 年后,阿提拉领导的匈奴大军再度攻入了罗马帝国,削弱了罗马帝国对威尼斯地区的统治,不久伦巴底人在公元 568 年对罗马帝国的沉重打击导致威尼斯地区实际脱离了东罗马帝国的统治。"威尼斯商人"利用这个历史机遇,扩大了在威尼斯的投资,扩建港口(包括威尼斯潟湖的马拉莫科与托切洛的港

口）、发展贸易，确立了威尼斯"欧洲商业飞地"的"准中立地位"。

拜占庭帝国在意大利中部与北部的统治在 751 年被伦巴底国王艾斯杜尔夫（Aistulf）所结束，后来被拜占庭帝国崩溃的时候，"威尼斯共和国"还从中分得了"一杯羹"。

可以说：罗马拜占庭帝国是被"威尼斯商人"所组建的军事力量和军事同盟所灭亡，这不仅仅是罗马拜占庭帝国和"属国威尼斯"之间的"人间喜剧"，其背后是欧洲金融资本的力量已经逐渐发展到了可以挑战和灭亡一个庞大帝国的水平。"威尼斯商人"所依托的"威尼斯共和国"无论从哪个角度来说都是 1 只"蚂蚁"，却踩死了"1 头大象"，这种诡异的强大力量就来自"威尼斯商人"所拥有的金币。

十、"阿尔托广场"与"金币战争"

威尼斯古城兴建于公元 452 年，当时，"开拓者"为了避免财物受到劫掠，逐渐迁往威尼斯潟湖中定居（水中打桩，上面盖房，船只穿行其间）。由于特殊的地理位置（"海运水运一体化"），到 14 世纪末，已经发展成当时地中海最大的贸易中心。水城威尼斯的景点有圣马可广场（Piazza San Marco）、公爵府（Palazzo Ducale）、里奥多桥（Ponte di Rialto）等古迹可以游历，但这无言的历史建筑却目睹了一场又一场骗局和欺诈，令人不知是喜是悲。

圣马可广场，在"威尼斯共和国"时期，是一个充满了贪婪和欺诈的"名利场"。高利贷者、金银首饰匠、各色掮客、海盗、"仆人贩子"、粮商、诈骗犯……形形色色，他们相互比拼着欺诈的技巧，赌着自己和家族的运气，毫无信誉和道德可言，一切都可以用金币来衡量。金币是唯一的动力，是一切"交易"的起点和终点。这是一个疯狂的阶段，"威尼斯商人"饱尝了欧洲贵族的"冷眼"，但他们却紧张到了极点！因为他们知道这个"商人集团内部平等、团结"时期终会成为历史。

"威尼斯商人"家族之间的兼并经过了几百年的明争暗斗，终于以"十人议会"的形式"明确"了下来，并逐渐进入用政权巩固公司利益的历史阶段。在这过程中，甚至这之后，无数的"先行者"前仆后继，无数的"挑战者"纷至沓来，"十人议会"所代表的最多不过是 10 个大商人家族的利益，但"威尼斯共和国"期间，涌进威尼斯的大小商人数以万计，而且都是怀揣着金币袋子、车拉着金币箱子，甚至是船载着金币而来的欧洲巨贾

富商（不包括那些游走欧洲各地的"小商小贩"）。

他们绝大多数都消失在了威尼斯泡沫中，不见了。留下了一堆又一堆的金币，被胜利者铲起，运到了金库，等待着不断的"堆高"或更换新主人。战乱中的无数条陆路和水路上，"合作伙伴"比强盗更加凶险，抢劫不会有任何的法律责任，因为"那都是海盗们干的"。

但毫无疑问，对于商人之间的"金币战争"来说，采用这种"特殊手段"终归不是一个长久之计——虽然"威尼斯商人们"极度渴望拥有对手的金币，但一种可以避免流血的方式无疑才最符合"商业原则"。所以，圣马可广场四周的"交易所"开始如雨后春笋般出现，目的只有一个——赌博。

华尔街摩根家族的成员"J.S.摩根"曾经说过一句话："你们赌钱，我赌命。""威尼斯共和国"的那些交易所，最早可以追溯到9世纪，甚至更早，其不过是打着交易幌子的赌博。俗话说："有赌必诈，十赌九输家。"是的，这些充满了智慧，拥有了当时普通欧洲人不敢想象财富的商人们相互比拼的就是"诈术"，他们如此冒险的原因在于：这些先知先觉的欧洲商业奇才已经看出了市场经济最终必将成为历史，而金币的凝结将在某一个必然到来的时刻，让一个或几个"胜利者"拥有所有金币和"垄断市场"的无上特权。金币在普通人眼中是金钱，在"威尼斯商人"眼中是权力。

彼得·马丁先生有过如下描述：（[德] 彼得·马丁，布鲁诺·霍尔纳格，王音浩译.资本战争：天津教育出版社.2008）"在中世纪所有的贸易中心里都出现了现在这种类型的交易所的前身。最晚是在1494年以后，在威尼斯的里阿尔托广场上进行的日常贸易得到了国债管理机构出示的凭据的证明。而耸立于意大利热那亚的圣乔治奥大厦一侧的圣乔治奥银行始建于1451年，在那周围同样很早就出现了定期的金融贸易。而有关热那亚的汇票交易的记载一直可以追溯到12世纪。在13～14世纪，意大利的佛罗伦萨也已经有了类似于交易所的聚集场所的记载。鲁卡·帕西奥立在他的《关于汇票的小册子》中阐释道："要是你问我，怎样才能了解到汇票的价格，那么我就会回答，当人们在威尼斯或是在里阿尔托做客的时候，或者身处佛罗伦萨时，人们就在新市场上谈论价格。"汇票的买卖已经具有一些交易所里的交易模式了，因为那里不仅有个体商人的汇票，而且著名的侯爵家族也都使用汇票。这种票据被大额支出，并按照支出多少来规定其有效期。"

这段描述很生动地反映了13世纪以后，也就是"威尼斯共和国"近乎秘密的"十人议会"体制建立以后，（今）意大利北部，尤其是"威尼斯共

和国"的各种交易已经主导了广大地区的贸易价格,并且也决定了欧洲的金币走向。决定这一切的就是圣马可广场,这相当于后来的"伦敦金融城"和"美国华尔街"。"十人议会"这个表面上的"顾问组织",在幕后操纵着整个欧洲各国的预算采买、商品价格、金币供给、经济增长(通过对一个欧洲国家注入或抽出不同数量的金币,就可以轻易地制造出"繁荣"或"金融危机")。

在这漫长的"中世纪"(到"文艺复兴"之前,有关"实际起止",后面有所涉及),"威尼斯商人"用非常简单的"金币供给(抽出)"策略导演了一幕又一幕悲喜剧,甚至决定着欧洲各国的兴衰。这些交易所兴起过程本身并不是纯粹的虚拟经济,但却奠定了虚拟经济的三个基础。

(一)"信息不对等交易"的确立

在当时的"交易所"中,不论进行"买"或"卖",最需要的就是价格消息。"十人议会"为首的"威尼斯垄断商业家族"拥有遍布欧洲的"商业情报网"(并且可以用"使节"的身份进行活动、携带密报),这对于参加交易的中小商人,甚至"不得不参与交易"的欧洲各国政府都是不公平的"信息不对等的交易"。可以说:交易双方的信息不可能完全对等,但"威尼斯共和国"时期那种由"十人议会"用金币供给完全控制交易价格、交易规模的"绝对信息不对等",则是第一次出现,已经是一种用金融资本(金币)操纵虚拟经济主导实体经济的雏形了。

(二)"单据交易模式"的建立

"十人议会"时期,由于所有意大利北部的交易(实际不仅限于"意大利北部",包括佛罗伦萨、热那亚、布鲁日、安特卫普等广阔地区的交易都牢牢控制在"十人议会"手中,当然这里涉及"威尼斯银行家"内部的复杂斗争,这个后面有专题涉及),商人们不必像以前一样随身携带着金币和商品,穿过强盗出没的林间小路(虽然罗马帝国曾经建立了一个遍及欧洲的道路网,但那时欧洲人口稀少、战争不断、植被茂盛、道路年久失修,出外运输大宗商品和金币风险很大),而只需要在交易所买卖"合约"、查看样品,通过邮差甚至可以不到交易所就能完成所有交易,这对于中小商户和投机商人的吸引力是很大的。

（三）"跨国交易网络"的形成

欧洲各国古代的贸易税收很重，且很烦琐。比如：从威尼斯到法国的商船很多，但水手是不能带葡萄酒进行私下交易的（纳税后可以，但也就没有交易的利润了），这样的贸易条件不具备大规模投机交易的条件。各种商品的品种、价格也相去甚远，买卖双方都有"隔山买牛"的感觉。同一种商品由于规格不同、交易地点不同，买卖交易价格差距很大。"威尼斯共和国"的交易市场将欧洲各国（甚至涉及亚洲商品）之间的商品品种、交易标准、付费方式统一起来，让大宗跨国交易成为可能（即便在战争期间的对垒双方也可通过"威尼斯的交易所"进行间接贸易，这在原来是不可想象的）。

但是，"十人议会"控制的"威尼斯交易所体制"，实际控制了欧洲的商品价格，紧紧依靠对一个商品进行金币注入（低价购买商品），或者是现货抛出（高点抛售，回收金币）就可以凭空赚取大量的金币，这种牟利模式已经危害了欧洲贸易的公平和稳定，让看似是一个可以自由交易的、"市场经济"规则左右的市场，演变成了一个垄断金融资本可以控制价格走向的赌场和非市场经济的垄断性牟利工具。

最深层次的问题则是：这种牟利模式彻底改变了"威尼斯商人"的性质。

十一、"威尼斯共和国"与中国

意大利威尼斯市与中国苏州市（1980 年 3 月 24 日）结成友好城市（参考文献：苏州市外事办公室.友好城市——意大利威尼斯市概况.苏州：http://www.sfao.gov.cn/ListNews.asp?classId=14&siteId=655），谱写了中意两国人民友好往来的新篇章。威尼斯市的国际机场就被命名为"马可·波罗国际机场"，可见"马可·波罗"的巨大影响。

在古代，"威尼斯共和国"与中国也有着密切的交往。马可·波罗（Marco Polo，1254.9.15～1324.1.8）可以说是"家喻户晓的历史人物"了，他就是"威尼斯共和国"黄金时期的一个"探险家"。马可·波罗是一个地地道道的"威尼斯商人"。他对于欧洲了解中国的贡献很大，影响则是最大的一个。

据《马可·波罗回忆录》记载：马可·波罗祖籍亚得里亚海的奎兹拉岛（Curzola），马可·波罗出生的房子还在岛上。他的父亲尼克拉（Nikola）和叔叔马提（Mate）是有名的远东贸易商人。他们两人 1255 年出发向东，

开始时并非想去中国。但在 1264 年碰到元朝派往西方的使者，决定到中国。1266 年兄弟两人到达元大都（今北京），见到元世祖忽必烈。忽必烈写了一封信给"教宗"，托波罗兄弟带回罗马，请"教宗"派人到中国，告诉中国人关于欧洲人的生活方式。

这些说法不完全准确，因为"教皇"特使柏郎嘉宾在 1246 年到达元朝都城之一哈拉和林。但马可·波罗一定来过中国，他详细记载了北京的卢沟桥、中国的邮政系统、金融体系（早期的"纸币"，其实不一定是"纸"，这个以后再说）、对外关系，是一个系统考察古代中国的第一手"商业报告"。《马可·波罗游记》对"威尼斯共和国"影响很大，对整个欧洲的影响也非常深远。因为当时中国的人口和经济发展远远超过了欧洲各国，人口已经接近 1 亿，所以以马可·波罗在书中常用"百万"为单位，这在只有不到 20 万人口的"威尼斯共和国"固然感觉不可思议，在欧洲也是件新鲜事。所以这份报告史称"《百万》"（《马可·波罗游记》是中国的意译）。这份由"威尼斯商人"马可·波罗"口述"的"商业报告"在欧洲流传甚广（这是指当时欧洲没有批量印刷技术的手抄本传播，可以说是那个时期"威尼斯商业考察报告"的典范）。

马可·波罗作为一个"威尼斯商人"很不简单，他多次参与"威尼斯共和国"与他国的"城邦战争"，这也导致了这份秘密"商业报告"的意外流传。1298 年，马可·波罗参加"威尼斯共和国"与"热那亚共和国"之间的海战，战败被俘。当时他很担心会被处死或者死于恶劣的监押，就在监狱里花了几个月讲他在中国的经历。这些被"狱友"、"作家"鲁斯蒂谦（Rustichello da Pisa，生卒不详，请注意，"作家"仅仅是我们现在对他的定位，当时他和马可·波罗"威尼斯共和国"军事人员的身份类似，是一个意大利比萨城邦的军事人员）默默地记了下来，日后写成书才得以流传的，并非是马可·波罗本人授意或亲笔写的"《马可·波罗游记》"。

坦率地说："《百万》"这本书，由"威尼斯商人"马可·波罗在"威尼斯共和国"一言九鼎的黄金时期口述，并迅速得以流传并非偶然。其背后是"威尼斯商人网络"在世界经济的布局和欧洲各国对"威尼斯共和国"的学习与景仰。这如同一份意外流传的重大商业考察报告，震动了欧洲并不奇怪。虽然有"传言"："马可·波罗很爱谈他的中国之行（甚至说他很落魄，吹牛编了这些"故事"），但他作为一个受过良好教育的"威尼斯商人"，作为一个优秀的"威尼斯共和国"的军官，并没有自行发表过这份可

以给他带来大量金币的"中国商业考察报告",这足以说明:他本人并不像传说的那样"爱出风头"。

"《马可·波罗游记》"(即:《百万》)文学色彩很浓的原因就在于他的狱友,也就是"作家"的鲁斯蒂谦"记录",并不是马可·波罗本人的手笔。[所以为了避免"一些麻烦",这部书用普罗旺斯语书写(今法国地区的一个语种),而不是"威尼斯共和国"通用的威尼斯语、拉丁语或意大利语]。

马可·波罗是中欧交流的友好使者,同时也是一个"威尼斯商人"、一个"威尼斯共和国"忠诚勇敢的青年军官。

第二章
"威尼斯商人"的步伐
——"亚得里亚海，我们来了！"

一、"威尼斯商人"的宏伟计划

图片说明：马可·波罗（Marco Polo，1254.9.15～1324.1.8）古代欧洲"威尼斯共和国"（现为意大利威尼斯市）的"商人"、探险家、军官。

马可·波罗，一个"威尼斯商人"，已经把目光拓展到了遥远的东方大地。此时，"威尼斯共和国"是一个空前特殊、又空前强大的金融国家，已经掌握了欧洲金融、经济和各国政府预算，通过贿赂、扶植、收买、暗杀影响着欧洲的贵族势力，把古代欧洲的"上流社会"玩弄于指掌之间。金融资本在"威尼斯共和国"内部已经用"十人议会"架空了"威尼斯公爵"的权力（"威尼斯共和国"的最后一任公爵米奇尔[Vitale Michiele]在1172

年神秘"病故"，此后没有再次"推举"任何"管理者"，直到"威尼斯共和国"消失，这是一个奇怪的"没有管理者的国度"，有"传说"认为公爵米奇尔被"某些势力"秘密囚禁，活活饿死)，又实际把"六十人议会"变成了一个傀儡和"斗兽场"，让野心勃勃的贵族和中小商人们在这里你死我活的斗争和较量，"十人议会"则慢慢退居幕后，冷漠地操纵着这一切，制造着矛盾、仇杀和结盟。"威尼斯共和国"的"推举制度"名存实亡，也许从来就没有存在过，一切都变成秘密控制着"十人议会"的那个不知名的金融家族的世袭特权。令人深思的是：没有人知道这个金融家族姓氏名谁……

这是一个金字塔构架，最上端是"一个神秘的威尼斯商人家族的首领"，然后是"十人议会"，下面是几万"威尼斯商人"构成的"威尼斯共和国"，最底层则是整个欧洲（包括那些"强大的帝国"和"皇族、显贵"）。这样一个空前强大的帝国，在名义上却是罗马拜占庭帝国的属国。所以，这个时期的"威尼斯共和国"，也是"威尼斯公国"。在"威尼斯商人"开拓"威尼斯共和国"的初期，拜占庭帝国是一个不错的"保护伞"，在8～11世纪，"威尼斯商人"理智地接受了这种"名义统治"，并用金币换取了一定程度的保护与"和平"。但这种蛰伏如同欧洲金融资本相对于贵族阶层的"仆人地位"一样，不过是一个名义和权宜之计，"威尼斯商人"无时无刻不在试图消灭罗马拜占庭帝国。

从领土、人口和军队数量来看，这有点像一只蚂蚁偷偷打上了大象的主意，但"威尼斯共和国"也许是只蚂蚁，可有了欧洲跨国垄断金融资本的力量，这只蚂蚁却成功地杀死了大象。这不是一场普通的战争，而是一场纯粹由"威尼斯商人"一手导演的古典金融热战，是金融资本第一次成功的肢解了一个庞大的帝国，但却不为人所知。

二、"罗马帝国的荣辱"与"威尼斯商人"

回顾"威尼斯共和国"与"罗马帝国"金融战争史，就不得不对比一下双方的实力和疆土，否则人们无法理解古典金融战役的力量。"威尼斯共和国"领土最大的时候，也就800～900平方千米（不包括领海和"海外领地"，因为很难计算，而且有"争议"），目前的意大利威尼斯地区稍小一点，大约为412平方千米（鼎盛时期人口也不超过20万人，今天为23万人）。这是一个什么概念呢？北京故宫外围的道路被称作"一环路"；从"一环路"

向外大约 4～5 千米有一个同心圆的公路，被称作"二环路"；从"二环路"朝外 4～6 千米的环形公路被称作"三环路"。长安街在中间贯穿东西，从天安门骑自行车到"三环路"的任意方向（就是不论东南西北）不超过 30 分钟，"三环路"围成的土地面积约为 400 平方千米（仅为粗略估计，没有实际丈量）。这就大致相当于欧洲古代"威尼斯共和国"的"领土"。

对垒的另一方是"拜占庭帝国"。什么是"拜占庭帝国"？人们不太熟悉，但如果说"罗马帝国"就无人不晓了！所谓的拜占庭帝国就是强大的罗马帝国。之所以在这里称为"拜占庭帝国"是由于史学家习惯以此来划分罗马帝国的不同时期。

拜占庭帝国的正式名称是"Ρωμανία"（Rōmanía，"罗马"），或者"Βασιλεία Ρωμαίων"（Basileía Rōmaíōn，"罗马帝国"）。这是拉丁语"Imperium Romanorum"（罗马帝国）的希腊语翻译。欧洲历史学家将其称为"东罗马帝国"（Imperium Romanum Orientale，但实际公元 395 年东西罗马帝国分立，"东罗马帝国"又在公元 476 年消灭了"西罗马帝国"重新统一了罗马帝国，所有拜占庭帝国，或者"东罗马帝国"，就是一个完整的罗马帝国，只是出于习惯被称作"东罗马帝国"或"拜占庭帝国"）。

尽管罗马拜占庭帝国有许多地区使用希腊语（实际使用的语言种类极多），但帝国的皇帝和臣民却将自己视为罗马人。在公元 330～1453 年的 11 个世纪的时间里，"拜占庭帝国"从来没有成为罗马帝国的正式或非正式名称，罗马人也从来不曾将自己称为"拜占庭人"，或将首都新罗马称为"拜占庭国都"。"东罗马帝国"称谓在东罗马帝国重新统一了东西罗马帝国之后，也不能继续说"拜占庭帝国"是"东罗马帝国"了。尽管他们的语言主要是希腊语，他们的文化在许多世纪中是希腊文化，但到 7 世纪为止他们的官方语言是拉丁语。

所以重新统一了东西罗马的拜占庭帝国称为"东罗马帝国"、"拜占庭帝国"是后人对罗马帝国不同时期的称谓，不是罗马帝国自己的称号，是"历史学的产物"，不是"历史的产物"，故本书有时为了尊重历史，使用了"罗马拜占庭帝国"的说法（历史上只有罗马帝国，没有拜占庭帝国或罗马拜占庭帝国）。

罗马帝国最强盛的时期，领土横跨欧洲、亚洲和非洲（下简称"欧亚非"），不仅几乎占领了欧洲全境，还控制着非洲北部的领土和中东广大的

土地。在玄奘大师"取经"时期,罗马海军甚至控制了一些印度南部的沿海岛屿作为基地。罗马拜占庭帝国逐渐衰落,"领土"已经"小了很多",但依然达到约270万平方千米(查士丁尼一世时期),人口在公元4世纪时就达到了3400万(此时"威尼斯共和国"还是一片无人居住的盐碱滩)。

罗马拜占庭帝国,也就是"东罗马帝国"由君士坦丁一世(公元324~337年)在公元330年在君士坦丁堡建立都城,开创了1100年的东罗马帝国时代["东西罗马"起因简介:3世纪后期,罗马皇帝戴克里先引入了四帝共治制,来更有效地管理庞大的罗马帝国。他将整个帝国分为两部分,在意大利和希腊各设立一个皇帝,各设一个副皇帝辅佐他们。这种做法一直维持到4世纪(后西罗马灭亡)。君士坦丁大帝于324年重新将自己立为整个罗马帝国的唯一皇帝。君士坦丁十一世(1449~1453年)时期,1453年彻底灭亡]。

拜占庭帝国,也就是罗马帝国,在中国古代称为"拂菻国"(或"大秦"或"海西国")。《魏书·高宗纪》《显祖纪》作"普岚",《西域传》作"伏卢尼"。玄奘著《大唐西域记》称之为"拂懔",《隋书》《旧唐书》等均作"拂菻",各种不同译法都是伊兰语族的 Frwm(粟特语,Frōm)、Purum(安息语,Prom)、Hrōm 或 Hrūm(中古波斯语)等的汉字对音。19世纪末在蒙古发现的8世纪突厥文毗伽可汗碑中有"Purum"一词。

雄才伟略的君士坦丁一世(史称"君士坦丁大帝"),也许考虑过罗马帝国未来的兴衰,但无论如何也不会相信罗马帝国毁于"盐碱滩"上的一个小城邦中的几个"威尼斯商人"之手,帝国荣辱竟然决定于一场金融战役。

三、"金融资本"与"欧洲传统"的隐秘对抗

这个问题,比较复杂,又不能不提,"简而化之"就是:欧洲的跨国垄断金融资本一直具有对抗欧洲传统体制和文化的特征,却逐渐主导了欧洲的一切。这种不太为人理解的现象和结果,大致可以归结为两个原因。

(一)欧洲皇权与金融权的斗争

以"威尼斯商人"为代表的欧洲早期金融资本之所以要跑到一片"盐碱滩"上凭空建立一个金融国家,就是为了最大限度地摆脱欧洲各国政权对金融权力的把持和限制。这就是为什么后来金融资本特别强调"独立央

行制度"的原因，就是为了在欧洲各国内部建立一个金融资本可以主导的"第二权力中心"。"威尼斯商人"不是普通的商人，而是一种新兴事物——跨国垄断金融资本的雏形。这种现象"应该"发生于工业革命之后，但欧洲早期的金币匮乏却催生了一个畸形的、掌握金币的垄断金融资本，欧洲各国并不是没有察觉，而是忙于战争、享乐和内斗，并没有意识到被他们"排斥到"海边小岛上的"威尼斯商人"们已经是掌握欧洲历史进程的强大力量。

（二）早期金融资本的形成于"仆人阶层"（贱民阶层）

欧洲的文明发源于希腊，在罗马帝国时期开始扩张。但由于罗马帝国的扩张不是依靠强势的文明，而是依靠强大的军事力量——"罗马方阵"、严酷的法典和奴隶制。这种帝国的扩张必然具有"铁骑所到，无不征服，尘土落地，帝国消失"的特征。由于罗马帝国的扩张有着鲜明的奴隶制和"军功制"特征，也就必然伴随着人口和财物的掠夺。金币到了勇敢善战的罗马将士手中，也就应了那句老话："来得容易，去得痛快！"不知明日生死的将士特别大手大脚，在美酒、女人等方面特别愿意花钱，而负责这些"小事"的都是奴隶中比较"听话又聪明、顺心"的那些人。

俗话说："铁打的衙门，流水的官。"经过几百年的征战，因为军功或姻亲而成为贵族的人群也在不断变化，大量"前期贵族"的奴隶，也慢慢变成了自由人。这些人已经习惯于"主人们的大手大脚"，也掌握了交易与理财的所有秘密，他们就开始以自由商人的身份，继续像仆人一样服侍着不断变化的"主人"，但却远比"主人们"善于积攒金币。经过几百年的演变，早期的"奴隶"，也就是被贵族看做"贱民阶层"的"商人们"已经将欧洲大多数金币弄到手了，这时"奴隶们"就开始左右欧洲的历史进程了。

在古代，不论是欧洲还是中国，普遍有一种朴素的防范机制——限制利用虚拟经济牟利的商人，而鼓励"创造"实体商品财富的士兵或农牧民。当时欧洲各阶层对于"商人"是看不起的，且提防心很重（这有些原因，比如"威尼斯商人"出卖的商品，历史上害死了许多顾客，这个后面会有所提及），这也从客观上逐渐激化了早期欧洲金融资本和贵族主流阶层的经济矛盾和文化对立。

单纯从这种对立的本质来看，开始于经济对立，逐渐演变为一场欧洲主导权的秘密争夺，后人无法简单评说"谁对谁错"，其原因也比这里所说

的要复杂得多，但这种文化、立场的全面对立是客观存在的，并且从罗马帝国建立一直延续到了今天。

如果不理解这一点，就无法理解"威尼斯共和国"对整个罗马帝国的挑战。

四、法国、罗马帝国、英诺森三世、"欧洲的大学"和"威尼斯商人"

在古代，欧洲形成体系的文明只有希腊文明，余下都是一片蛮荒之地，而第一个占据了欧洲全境，并且向外扩张的帝国，就是建立在希腊文明之上的罗马帝国（"罗马金融战役"，发生于罗马拜占庭帝国时代）。但很多欧洲学者却毫不犹豫地说："罗马帝国摧毁了古希腊文明，而不是'继承'，这是两种截然不同的文明"，这种说法也是有道理的。

罗马帝国是与"威尼斯商人"为首的欧洲金融资本争夺欧洲主导权的唯一对手。罗马帝国在3世纪出现了普遍的经济危机，这场经济危机就是由于金币突然短缺导致了一场通货紧缩性 "经济危机"，其根源来自"商人们"对金币的囤积、罗马帝国经济规模迅速发展与金币总量之间的矛盾。没有直接证据表明这是"商人阶层"蓄意制造的一场打击罗马帝国的金融战役，但效果的确如此。罗马帝国为了缓解矛盾，开始利用一些宗教手段，设立了"教廷"，罗马帝国从"多神论"社会转向了"一神论"社会，也就开始了所谓的"中世纪"。

13世纪的欧洲除了"威尼斯商人"之外，有三股势力。第一股势力是"罗马拜占庭帝国"；第二股势力是代表着宗教势力的英诺森三世（Innocent III，1160～1216 年）；第三股势力是远离拜占庭帝国首都"君士坦丁堡"的"高卢势力"（下称"法国"），也就是今天的法国。在当时，法国、"威尼斯共和国"都是"边缘化"的地区，罗马帝国无力主导，金融资本的影响力相对强大。

由于一些复杂的原因，欧洲当时的主流宗教文化与"威尼斯商人"所代表的金融资本是尖锐对立的，而且"妥协余地很小"。但"商人"就是"商人"，"威尼斯商人"清醒地认识到不能和欧洲文化对抗，就试图建立一种"新的文化"，也利用金币的说服力影响着这些势力中的一些关键人物。

"威尼斯共和国"影响力较大的是法国地区和意大利北部地区，前者是罗马帝国的影响力接近于无（甚至已经有了"法国皇帝"，事实不算作罗

水城的泡沫——威尼斯金融战役史

马帝国的疆土了），后者则是地理、语言的原因（"威尼斯共和国"使用威尼斯语，但也使用意大利语和拉丁语，实际也是意大利的一个沿海小城）。"威尼斯的商人"打着促进教育、摆脱蒙昧的旗帜，在 9 世纪拿出大量金币捐给了著名的巴黎圣母院，从而建立了一个金融资本控制的大学——巴黎大学（1180 年法国国王路易七世正式授予其"大学"称号）。这是欧洲第一所大学（中国的第一所大学"稷下学宫"建立于公元前 350 年左右，比"巴黎大学"早 1200 多年，著名的学生有：孟子、淳于髡、邹衍、田骈、慎到、接予、季真、环渊、彭蒙、尹文、田巴、兒说、鲁仲连、邹奭、荀子）。

"威尼斯商人"在 12 世纪已经取得了对"威尼斯共和国"的全面主导权，那时的"威尼斯共和国"已经是一个彻底的"金融国家"了。在此之前，金融资本早就秘密拿出大量的金币，收买意大利北部的贵族，由贵族依内里奥出面，在 1088 年建立了一所"大学"——博洛尼亚大学（意大利语：Università di Bologna；尊称：大学之母，拉丁文：Alma Mater Studiorum，又译为"波隆纳大学"或"博罗尼亚大学"）。

从客观来说，"威尼斯商人"代表的欧洲金融资本推动了欧洲的进步和文艺复兴，但从本质和长期后果来说，这就是金融战役学中的"高端主导策略"。这些所谓的"大学"在"威尼斯共和国"时代是一个可以免税和免除边境检查的特殊"机构"，"威尼斯商人"出资供养被选择的贵族，然后形成了一个金融资本主导下的欧洲贵族体制。不仅如此，巴黎大学被称为"欧洲大学之母"，实际是欧洲后来所有大学的母体，欧洲的大学一直是银行家族主导的私人财产。"威尼斯商人"建立的博洛尼亚大学则是欧洲法官培养体系的始祖，欧洲后来所有的法官、律师都由"威尼斯共和国"负责培养，又在欧洲各国的重要岗位工作，他们在尖锐复杂的政治斗争中，不得不依靠来自"威尼斯共和国""十人议会"的秘密资助和主导，从而建立了一个"威尼斯商人"控制下的欧洲法律体系（由此人们可以想到莎士比亚的《威尼斯商人》对于法庭严惩"高利贷者"夏洛克的艺术描写是多么的无奈和"受欢迎"，其中正面人物却是一个"威尼斯商人"，这就引人发笑和深思了）。

12 世纪，意大利阿纳尼城特拉西蒙伯爵与"威尼斯共和国"交往频繁，他的儿子"吉奥瓦尼·罗它里奥·德·康提"聪明好学，被"威尼斯共和国"的朋友看中，花费巨额金币送他到巴黎大学去读书。这不是今天意义

的大学,而是一个类似于"高级贵族培养机构"、"特准免税商业组织"、"民间外交机构"。那里的"大学生"有许多特权,甚至杀人不受惩罚,只要缴纳一定金币即可。他们"随身携带的物品"不许被检查和收税,这就让"威尼斯共和国的商人情报网络"和"在欧洲各国担任要职的同学(会)组织"之间的界限逐渐消失了。

这个青年贵族就是后来的"教皇"英诺森三世(Innocent III,1160~1216 年,1198~1216 年在位)。

五、法国贵族的不满和"海外领地"

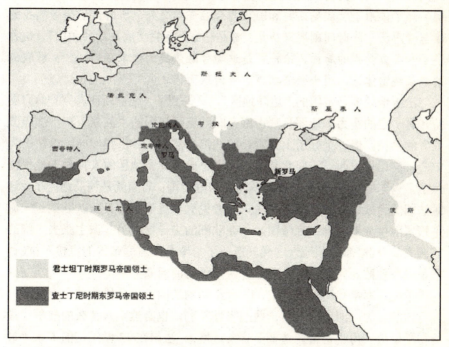

图片说明:罗马拜占庭帝国的疆域示意图。

从这张罗马帝国的疆域示意图中可以看出,在 5 世纪法国(那时称"高卢地区")地区是罗马拜占庭帝国的"领土",13 世纪,法国是一个独立的国家。但这种"独立"来源于罗马拜占庭帝国的"鞭长莫及"而不是"心甘情愿"。法国一直"不承认"曾经是罗马帝国的一部分,这种说法从不同历史时期看,会得出不同的结论。

一场金融战役,发起者最好兵不血刃,依靠因势利导、幕后操纵,所

以必须利用各种"现成的矛盾"。"威尼斯商人"仅依靠"威尼斯共和国"试图挑战中兴的拜占庭罗马帝国，不啻于实施一个不可能完成的计划。唯一可以利用的就是当时法国的军队和意大利北部的贵族武装。

金融资本挑起战争的过程就应了一个句老话："无缝的鸡蛋不生蛆。"因为这时的金融战役，尤其是挑战主导欧洲的罗马帝国，其形式和内容类似于一场"叛乱"。"威尼斯商人"作为金融战役的发起者固然可以做到"坐收渔利"，但这毕竟是一场金融热战，对于古代战争的各方来说都是"杀敌一千，自损八百"的后果，谁会为了"威尼斯共和国"的计划，而付出这么大的代价呢？更何况挑战整个罗马帝国的风险更加不可预料（事实也证明，除了依附于"威尼斯共和国"的金融资本之外，所有这场金融热战的参与者用历史的时间刻度来衡量，都是输家，**包括**"威尼斯共和国"。这种混乱和各方受损的局面，恰恰就是这场金融热战的根本目的——瓦解欧洲的贵族统治体系，用金融资本幕后统治取而代之）。

法国地处罗马帝国的"边陲地区"，又得到了"威尼斯商人"的鼎力支持，有一定的实力，让罗马拜占庭帝国默认了法国的"独立"和"法国国王"的存在。但一个处于上升阶段的法国必然有某种扩张倾向，以法国为中心，向西是大西洋；向北是英国（那个时期英国地区的人口和土地价值几乎可以忽略不计）；向东就是罗马拜占庭帝国；向南就是埃及地区了。这时法国的贵族中明显分成了两派，或者说大多犹豫不定又跃跃欲试。一派主张冒险挑战罗马拜占庭帝国，争夺欧洲的主导权；另一派主张去广阔的非洲大陆开辟"海外领地"，这样就避免了与罗马拜占庭帝国的直接对抗（这不是一个胜败的问题，而是必然会两败俱伤的问题）。

单纯从军事战略角度出发，13世纪初的法国不具备挑战整个罗马拜占庭帝国的实力，即便取得了一些战术性胜利，也必然陷入持久的战争，最终得不偿失（历史恰恰就选择了这条道路）。法国在13世纪初的扩张"最佳策略"的确是开辟"非洲的法属海外领地"（历史也证明这是法国唯一可行的"领地开辟策略"）。

不过，当时法国还没有进入"大航海时代"，并不是从上到下都弥散着"扩张的冲动"，富足的农业让法国各阶层感觉"比较满意"，虽然也有少数"雄心勃勃的贵族"试图"大干一场"，可如果没有"威尼斯共和国"的因素，法国贵族在13世纪初，是绝对不会走上战争道路的！

六、金币、背叛、"流动性紧缩性经济危机"与银行业的诞生

（一）纵观金融战役史，几乎就是一部背叛史

背叛的种类繁多，包括了各个层面，背叛的理由却很简单：金币。

12 世纪末到 13 世纪初，"威尼斯商人"已经实际完成了"威尼斯共和国"的"金融化"，把一个"公国""公司化"了。这个时期，"威尼斯商人"控制了欧洲大多数的金币，所有的欧洲贸易都不得不绕道来"威尼斯共和国"进行，给"威尼斯共和国"带来了巨额的"垄断性收入"，扩大了金币在"威尼斯商人"手中的凝结，也加重了欧洲各国的紧缩性经济危机。

欧洲各国的贵族虽然不理解这一点，但他们手中的金币却越来越少。原因主要有两个。

1. 一船货物在"威尼斯共和国"的港口卸货，这个交易过程和"服务"实际都由"威尼斯商人"垄断，如果仅仅提取 1% 的服务费，各国贵族会感觉很便宜，也"很公平"，但相当于"一次贸易额" 1% 的金币总量就凭空进了金融资本的腰包。商品在不断消耗，贸易在不断重复进行，金币的总量却增长很慢。这时，金币的实际购买力就不断攀升，100～200 次交易就足以将"全部"金币从欧洲贵族的金柜弄到"威尼斯商人"的钱柜。

2. 由于"威尼斯商人"垄断了欧洲的金币供给，导致各行各业的流动资金严重短缺，甚至是匮乏。可欧洲商业活动不可能离开流动资金，但又没有足够的金币作为流动资金，这就催生了一个行业——银行业。垄断了金币供给的"威尼斯商人"也就自然而然地从商人变成了"银行家"，商人家族，就成了银行世家。他们利用独一无二的金币信用提供者的地位，将欧洲的（金币）贷款利率一直稳定在 20%～30% 的水平。欧洲各国借入 100 个金币的流动资金，如果使用 20 年没有归还，就变成了 10000 个金币的债务。实际利率由于"信用机制"的建立，也就是根据不同借款人的"还款能力"而收取"额外的风险利息"，导致欧洲借款人常常不得不接受 30% 以上的"实际利率"，这导致了欧洲贵族阶层和欧洲各国财政的总破产，也让"威尼斯银行家"（就是"威尼斯商人"）实际拥有了欧洲的所有商业和财富，形成了一个以金融垄断为特征的跨国幕后世袭"债务权力中心"，也即是后来的"国际债权人"。

在这种特殊的历史条件下，欧洲贵族为了金币愿意做任何事，各国商人们也实际演变成了"威尼斯银行家"麾下的"经理人"，虽然名义上企业

归属各行业的"独立法人",但实际上从那个时期开始,欧洲的商业就进入了高度垄断化、世袭化的阶段,整个欧洲的经济是一个金融资本主导下的托拉斯(独立法人企业构成的垄断性企业)。这在一定时期促进了欧洲的发展,但代价却是沉重的,因为这个幕后的金融权力中心一直延续到了今天,而且还将继续。

(二) 资本主义生产的最初萌芽

马克思曾经指出:"资本主义生产的最初萌芽,在 14 世纪、15 世纪已经稀疏地可以在地中海沿岸的若干城市看到。"

这是站在工业化进程的角度来说的,实际由于欧洲金币的匮乏,早在欧洲工业革命之前,就催生了一个以"威尼斯商人"为特征的畸形早产儿——欧洲跨国垄断金融资本。

"威尼斯商人"从拥有强大金币产业实力的商人向"威尼斯银行家"过渡的标志性事件,是公元 1171 年"威尼斯银行"的建立。这是世界第一个央行,也是如假包换的"欧洲央行",也是一个私有央行。没人知道"威尼斯银行"的原始股东是哪些个金融家族,如果可以得到一份"威尼斯银行"董事会名单和一份"十人议会"名单的话,会发现除了少数变动之外,基本是一个名单上的"同一些商人家族"。"威尼斯银行"牢牢控制着欧洲的金币供给,在几百年的时间中,蓄意制造欧洲地区的流动性紧缩性"金融危机",以此增加"威尼斯银行家"对欧洲各国的政治、军事、经济、金融的影响力。

(三) "威尼斯银行" 就是银行的同义词

西方"Bank"一词,被各种欧洲语言通用为"银行",就来自于威尼斯词语"Bankorott",翻译成意大利语就是"Banca",意思为"板凳"。这个看似和金融业毫不相关的词汇形象地反映了当时"威尼斯银行"与欧洲借款者的关系。在豪华的大厅内,在"威尼斯银行"武装护卫的注视下,来自欧洲各国的贵族和商人,坐在长条板凳上,等待着来自高高柜台上"银行交易员"的呼唤,这可能决定一个企业的生死、一个贵族门阀的兴衰、一场战争的胜负,甚至决定着王朝的更迭。

那个时候,没有人理解欧洲正经历着"威尼斯银行家"发动的一场金融战役,没有人理解欧洲贫穷的"中世纪"就是由于"威尼斯银行家"为

了获取欧洲的主导权而蓄意制造的一次漫长的、金币流动性短缺导致的"金融危机"。

在"威尼斯银行家"中,有许多大智大慧的天才,但人们却很难找到他们的姓名和家族标志,有一个颇有贡献的"威尼斯银行家"因为一个意外的"贡献"留下了姓名——卢卡·巴西奥利(Luca Pacioli,意大利数学家、"威尼斯共和国"的银行家)。他建立了"复式簿记法",也就是现在的"复式记账法",尤指"借贷记账法"(1494 年在威尼斯发表,此外还有"增减记账法",目前已淘汰,但有类似之处)。"复式簿记法"把所有金币收支同时记录在两个账目上,并用"借"、"贷"两个记账符号来记录一切商业活动,所有的金币都分为"来源"和"占用"两类,金库里存储的金币却被看做"占用"而不是"来源"(直到今天会计在"借贷记账法"中依然如此记录,但却很少有人会去想这是怎么回事)。由此可见,"威尼斯银行家"不是文学家巴尔扎克笔下的吝啬鬼"葛朗台"(只会把金币存在地窖中),而是充斥着强烈的用金币换取更多金币的职业本能的"活的金币"。

文学家们对"威尼斯银行家"的不理解和不满也源自"威尼斯银行家"的极度利己、高度金币垄断(有历史学家把这里理解为"威尼斯商人特有的团结",这就忘记了"威尼斯共和国"时期,商人们之间残酷血腥的"兼并史")、极端实用主义与文人们的浪漫主义之间的矛盾,这给"威尼斯银行家"带来了很多问题,后来他们改变了策略,开始了与"文人们"的合作,"银行家"的艺术形象从此就变成了"诚信与荣誉"。布克哈特先生(雅各布·布克哈特著,何新译.意大利文艺复兴时期的文化.北京:商务印书馆.1982)有过如下描述:"特列比松的乔治,把柏拉图的《法学》拉丁文译本献给总督,又把他的修辞学献给元老院,但不久就快快离开了这个城市(此处指:'威尼斯共和国')。"

在这种特殊的历史背景下,可以说是"威尼斯银行家"为了对抗罗马拜占庭帝国而在幕后扶植了法国,让法国地区在欧洲其他地区陷入金币紧缩导致的"金融危机"的情况下,却"一枝独秀"地繁荣了起来。但理智冷静的金融资本的一切付出都要收回"本利",甚至是十倍、百倍取得回报——"威尼斯银行家"提供的金币满足了法国贵族的生活,繁荣了法国地区的经济,也可以说"缔造"了法国(罗马高卢地区变成了一个独立的国家,并出现了一个法国皇帝),也就能主导法国。

七、"威尼斯银行家"的密使和法国"开辟南方大陆"的计划

　　大约在 12 世纪末的最后几年，"威尼斯银行家"们开始了蚂蚁杀死大象的计划（实际是最后一击，罗马金融战役的准备相当细腻有序，就不细说了），他们试图利用金币的影响力和法国贵族长期形成的"人脉"来诱使法国挑战罗马拜占庭帝国。但稍有理智的人就会发现，从战略利益来说，罗马拜占庭帝国是欧洲的战略壁垒，法国与罗马拜占庭帝国开战也一定会陷入长期的战争，不可能一下子灭亡一个幅员超过 200 万平方千米的帝国（虽然其很虚弱）。从战术角度来说，法国的军事力量根本不足以发动一场针对罗马拜占庭帝国的压倒性攻击，这场战争一旦开始，法国战败的可能性就客观存在，陷入战争泥潭的可能性很大（事实上，在此后拜占庭帝国苟延残喘、四分五裂的情况下，法国还"吃过亏"）。所以，"威尼斯银行家"不能直接劝说"法国国王"，而是派出了特使，施展了一系列精彩的计中计，让金融战役之花绽放出了绚丽的光芒！

　　"威尼斯共和国"在名义上，依然是意大利北部的一个沿海"公国"，也就有一个名义上听从君士坦丁堡和意大利贵族号令"总督"，实际已经是"威尼斯银行家"在管理他（实际的情况类似于"雇佣"，都不算是"收买"），而不是相反了。当时的"威尼斯总督"叫做"恩里科·丹多洛"，此人野心勃勃，一心盼着天下大乱。他能力超群，是实施"罗马金融战役"计划的具体负责人。

　　在 13 世纪刚开始的一年，"威尼斯总督"恩里科·丹多洛的侄子（具体情况不详，也有说是侄女，下称"威尼斯特使·丹多洛"，统一用"他"），携带着巨额的金币从威尼斯乘船出发，前往法国"休假"。这是一个由两艘武装商船、两艘"客船"组成的小型船队，但却选择在一个风雨之夜，从"贵宾客户"预定的"私人码头"，偷偷驶出了港口。强壮的士兵们将坚固的大木箱逐个搬上运输船，尽管保密工作十分到位，仅使用"不得不使用的几盏小灯"，但那"货物"的重量就说明箱子里全部是金币或银币。

　　今天，已经无法计算"威尼斯银行家"在当时动用了多少金币，但根据当时船只的运输能力，估计这次投入的金币数量在 1～10 吨之间。就今天国与国之间的贸易规模来说，似乎也不是一个"太大的数目"，但在当时一个欧洲农民一年也不一定能够赚到 1 个金币（1 弗罗林金币，约等于 3.5 克黄金，"威尼斯共和国"1284 年才开始发行金币"杜卡特"，成了欧洲的通用货币，含金量和大小基本等同于"弗罗林"，当时也使用罗马帝国第纳

尔银币),这笔钱接近或超过法国当时的"岁入",甚至可能达到当时法国地区**流通**金币的总量5%(不是地区金币总量)。可以说"威尼斯银行家"着实下了血本,但对于法国则是"捡了芝麻,丢了西瓜"。

这些货物替代了常规的"压舱物"(就是为了船在海中行驶平稳,不倾覆,在船体放一些水或者放置一些很重的货物),而上面依然是豪华的客船,里面是一些年轻却老练的"威尼斯女子",这是一些美丽但理智到冷酷的商人家族的成员,她们高雅的举止,富裕的身家,绝对理智的"择婿",是"威尼斯银行家"拓展金融帝国的战士和情报官。这里面有可能夹杂着一些演员,但她们的头脑和能力超过了大多数养尊处优的欧洲贵族。在当时欧洲各大城市的贵族家庭或剧院中,都有"威尼斯女子"的身影,她们是"威尼斯商业情报网络"的核心,可以更加容易的进入贵族内室,满脸微笑的用"礼物"结交或杀死贵族,甚至皇室(后面要举一些例子,这里先说到这)。

"威尼斯特使·丹多洛"到达法国的具体时间无从考证了,但他立刻开始进行了一系列高效率的穿梭外交。他的"说法"很值得赞赏:"威尼斯商人"提出要协助法国开拓"南方的大陆",也就是协助法国贵族开拓在非洲的"海外领地"(这就必须攻打当时的北非地区),而"威尼斯共和国"愿意"给予一定的协助"(比如:提供海运、军费、后勤补给等)。作为回报,"威尼斯共和国"想在"未来的法属海外领地"取得一些贸易特权和税收优惠。

这个说法在当时的欧洲,可以说是"不得罪任何一方,也冠冕堂皇",并且法国在稍后的"大航海时代",也的确在非洲大陆开辟了大片的"海外领地"。无论任何人,也不会把这个计划和攻打一个近在咫尺的庞大帝国(罗马拜占庭帝国)连在一起,也就最大限度地减少了"政治阻力"。

"威尼斯银行家"精心策划这个计划的目的有两个:

1. 在法国没有出兵的前提下,做到对包括法国在内各方的战略欺骗,不论最后是否会把战火引向罗马拜占庭帝国,这都是一个即便泄密,也不会给"威尼斯银行家"带来报复的"计划"(罗马拜占庭帝国最多认为法国有一定的"扩张野心",但也没有到敢于进攻自己的地步,同时"威尼斯商人"的贪婪也是人所共知的,有这种"投资计划",也不会令任何人感到奇怪)。

2. "威尼斯银行家"安排了一系列的连环计,但自古智者"未思进、

水城的泡沫——威尼斯金融战役史

先思退"——"万一法国真的占领了北非地区,开辟了法属海外领地呢?"

答案很简单:"威尼斯银行家"将控制那片土地,就如同以后他们所做的那样。这个计划最恶毒、也是最关键的地方就是把一个满足于贸易与农业利益的法国,引向战争。换句话说:这个计划不论是否真的要向南方攻打"北非"(开辟预计中的"法属海外领地"),还是最终"奇迹般地90度转向东去挑战罗马拜占庭帝国"都是打开了战争之门。"威尼斯的银行家们"深知:战争之门一旦开启,不是谁一句话就能立刻停止的。

八、"贪婪的贵族"与"智慧的银行家"

在13世纪初,法国贵族并不想打仗。可以毫无疑问地说:在当时的法国,讨论"开辟南方大陆的法属海外领地"的人被认为是冒险家,而讨论"发动进攻罗马拜占庭帝国"的人则一定被看成"不怀好意的人"或者是"疯子"。这个看似简单的说法包含了一个复杂的问题——"威尼斯银行家"的战争计划对谁都没有好处,包括了对法国,甚至是针对"威尼斯共和国"的蓄意削弱。

单纯站在法国贵族的立场上,进攻向南拓展"法属海外领地"是"福祸"难料,进攻罗马拜占庭帝国则一定是得不偿失的,这不是说罗马拜占庭帝国多么强大,而是法国必然陷入一场长期战争(事实上法国从此丧失了对英国地区的影响力,要知道这个时候英语都没有形成,英国地区都在说法语,此后法国实际丧失了争霸欧洲的潜力,打了一场"莫名其妙的恶仗"),对于法国贵族和国王都是一个绝对不会去考虑的问题。

威尼斯特使的活动持续了一年多,依靠金币的说服力,让一些雄心勃勃的法国贵族的脑海里充满了"广阔无垠的法属海外领地"。根据当时的习俗,身临前线的贵族一旦取得了"海外领地",可以讨得一块封地,如果功劳比较大,则可以被册封为"公国"(公侯伯子男等五级,但公爵封地几乎就是一个"独立王国"了),自己就可以当"国王"了!这种贪婪,孕育了愚蠢和盲动,也导致了战争狂热。大约在公元1201年,法国贵族达成共识:进攻北非,开辟广阔的"法属海外领地"。

在"威尼斯银行家"的计划中,有很巧妙的一环——富裕的"威尼斯共和国"给法国提供海运、军费和后勤补给,作为换取日后回报的"投资"。不论是出于贪婪,还是出于金币的说服力,或者两者兼而有之,法国贵族相信了"威尼斯银行家"的空头许诺,动用了全法国的军队,这无疑是一

34

出历史闹剧。如果说空手套白狼的金融战策略被银行家们使用了无数次，却屡试不爽的话，那这就的确令人深思和警醒了。

银行家的金币从来就不是白白付出的，法国军队要进入北非地区，可以从马赛等法国港口出发，既便捷又可靠。但威尼斯总督恩里科·丹多洛出面联络了一些意大利北部的贵族表示要"协助法国"（也是日后要一些回报），同时代表"威尼斯共和国"提出在威尼斯港口准备至少一次 3 万人规模的运输船队和后勤补给供法军使用。法国贵族经过权衡，感觉从威尼斯出发固然"绕了一点路"（请注意：本来是向南的进军方向，就已经改为向东），但有富裕的"威尼斯共和国"作为出"战争经费"的"冤大头"，又能得到"意大利贵族武装的后援"，这无疑是值得的！

就这样法军开始转向东方进军，逐渐接近了意大利北部。

九、战争的统帅到底是谁？金币、法国国王、威尼斯总督恩里科·丹多洛？

法国军队此时犯了一个致命的错误，接受了"威尼斯银行家"的"友好建议"：为了让法国"拓展海外领地"的行动更具影响力，在一定程度上接受了前面所说的那个"威尼斯银行家"的世交后人"吉奥瓦尼·罗它里奥·德·康提"（此时已经是"教皇"英诺森三世）的名义管理。

在法国国王看来，这个名义管理丝毫也没有影响自己对法国军队的指挥，法国军队也是绝对忠于法国国王的法国贵族在指挥（其中不乏被金币说服的某些贵族，这就埋下了"背叛与阳奉阴违的种子"），"吉奥瓦尼·罗它里奥·德·康提"仅仅让"威尼斯总督"恩里科·丹多洛作为"法国军队"和意大利贵族武装的"协调人"和"后勤官"（也就是法国贵族认为的那个"出钱的冤大头"）。但法国国王没有意识到：法军如果是独立作战则是由法国前线统帅"说了算"，可"与意大利北部的贵族武装搞联合作战"，那么这个"军事协调人"的权力就相当大了，而这个"军事协调人"又把持了法军的军事后勤（这是法国自愿交出的，认为是一个"天大的便宜"），这样一个"协调人"加上金币的说服力，就让法国军队的前线指挥权大半落入了"威尼斯总督"恩里科·丹多洛的手中。

这一切，早就在"威尼斯银行家"的计划之中。

十、拜占庭帝国的"内应"——罗马拜占庭金融战役的核心因素

罗马拜占庭帝国是个庞大、复杂、腐朽的古老帝国，宫廷斗争此起彼伏，皇族内部尔虞我诈。"威尼斯商人"用各种享乐和商品不断腐蚀着这个老病的帝国，对其所有防御部署调查的清清楚楚，并直接插手罗马拜占庭帝国的皇位斗争，把高贵的皇子们玩弄于指掌之间，罗马拜占庭帝国的大厦早就吱吱作响了。

罗马拜占庭帝国的皇族安格洛斯（？～1204 年）联合兄弟们在公元1185 年成功地干掉了皇帝安德洛尼卡一世（安德洛尼卡一世看出了威尼斯银行家已经威胁到了拜占庭帝国的存亡，试图通过制止贿赂、整顿赋税、采取省长定薪制、限制贵族特权、排除威尼斯银行家的影响力来中兴拜占庭帝国，但这个英明睿智的皇帝被抹黑为暴君，并被"政变者"在街头酷刑处死），成为新皇帝（伊萨克二世）。这场政变可以说是在"威尼斯银行家"的支持下才成功实施的，故此"伊萨克二世"一家对于"威尼斯银行家"非常信任。

可 10 年后（公元 1195 年），"伊萨克二世"的哥哥，得到了"不明势力"的支持，用大量金币收买了禁卫军和一些大臣，推翻了弟弟"伊萨克二世"的皇位，而且残忍地弄瞎了弟弟的双眼，并将"伊萨克二世"一家人囚禁在地牢中。这时，"威尼斯银行家"用金币收买了看守，把"伊萨克二世"的儿子小阿列克修斯偷偷送出了君士坦丁堡，投奔姐姐（德意志士瓦本王后伊琳尼）。这期间，在父亲朋友"威尼斯银行家"的帮助下，小阿列克修斯见到了"威尼斯银行家"的另一位老朋友"吉奥瓦尼·罗它里奥·德·康提"（"教皇"英诺森三世）。

前面说过，在 3 世纪后期，罗马皇帝戴克里面对庞大的帝国，感觉无法实施有效统治，就分别在希腊和意大利设立了两个"皇帝"和两个"副皇"，也就实际形成了东罗马和西罗马。后来东罗马重新统一了罗马帝国，就是罗马拜占庭帝国。但"四帝"制度还带来了一个东罗马"教廷"，一个西罗马"教廷"，西罗马灭亡后，还分别独立存在。

在"威尼斯银行家"的撮合下，流亡者小阿列克修斯与"吉奥瓦尼·罗它里奥·德·康提"（"教皇"英诺森三世）达成了一个协议，就是如果小阿列克修斯重新登上罗马帝国王位（在"大家"的帮助下），将由"吉奥瓦尼·罗它里奥·德·康提"统一掌管"教廷"（所以，可以说从一开始，英

诺森三世就知道整个事件的原委)。

十一、罗马拜占庭金融战役——"蚂蚁杀死了大象"

(一) 早期的布局

"威尼斯共和国"一直是罗马拜占庭帝国下面的一个不大的城邦,无论是罗马建国者,还是历史学家都不会相信横跨欧亚非的罗马帝国会毁于一场精心设计了 20 年的金融热战。至今,人们也很难相信:庞大的罗马帝国会毁于几个银行家之手。

但这却是不能回避的真实历史。

"威尼斯银行家"从 1194 年开始实施这场推翻罗马帝国的金融战役(其计划和"等待"可能长达几百年),到 1204 年肢解罗马拜占庭帝国为止(此后,从政治意义上来说,罗马帝国已经消失了),成功地完成了"蚂蚁杀死大象的计划"。

"威尼斯银行家"从 1194 年开始(也许还要早许多,这里以此来划分)雇佣西西里岛诺曼人对罗马拜占庭帝国的商队和目标进行袭扰。然后利用安格洛斯兄弟(后来的"伊萨克二世")煽动对当时的执政者皇帝——安德洛尼卡一世的不满。此时,罗马拜占庭帝国特别依赖雇佣军,几乎是罗马拜占庭军队的主力(虽然不是精锐)。这又正值"银行家"蓄意制造的欧洲金币短缺的历史时期,谁能提供足够的金币,谁就掌握了雇佣军。

就是由于这个原因,安格洛斯兄弟顺利地推翻了安德洛尼卡一世,并且来自西西里岛诺曼人的袭扰也就"消失了",这对无能的兄弟都把"威尼斯银行家"看成提供金币维持雇佣军体制的"忠诚后盾",但正是"威尼斯银行家"们挑起了这场皇位之争。后来,大哥(阿历克塞三世)把弟弟(伊萨克二世)双眼弄瞎后囚禁在地牢中的血腥政变,背后也有着"银行家的影子"。

(二) 精密策划、内外勾结、双管齐下

罗马拜占庭帝国毁灭于金融战役,不仅表现为银行家们的幕后活动,关键因素还在于"货币供给总量的杠杆应用"。罗马拜占庭帝国虽然危机四伏,但军事力量依然不容小觑,其军队总量远远超过法国派出的远征军、一些意大利北部的贵族武装和"威尼斯共和国"的军队总量,即便仅仅在

首都君士坦丁堡的军队也超过后者。如果没有一个瓦解罗马拜占庭帝国首都卫戍部队和"阻止"各地援军的有效手段，毁灭罗马拜占庭帝国是不可能的！

奥妙就出在"威尼斯银行家"一直负责提供罗马拜占庭帝国军费所需的金币，这不是说罗马帝国没有足够的商品，但的确没有足够的金币和银币来支付军事预算，这就是银行家们人为制造的"流动性紧缩"和高利率政策（实际高达30％以上）的"妙处"，这和1980年美联储制造的"沃尔克冲击"性质一致。"威尼斯银行家"贷款给哪一个皇族，他就可以政变登基，反之则可立刻削弱一个罗马皇帝的统治基础，让几十万雇佣军成为"摆设"，甚至临阵倒戈。这种高利率的金币贷款又进一步制造了罗马帝国的金币短缺，导致货币紧缩性"金融危机"逐渐演变为全面的"经济危机"，甚至是"政治危机"，这就是"蚂蚁杀死大象"的核心秘密——"流动性紧缩性金融危机"。

"威尼斯银行家"精心策划了一系列的连环计，以金币和金币构筑的"欧洲人脉网络"为依托，直接插手罗马拜占庭帝国的皇位之争，并且在恰到好处的时候"收紧"和"放松"金币供给，灵活自如地操纵着罗马帝国庞大雇佣军兵团的"忠诚度"和"效忠对象"。

（三）罗马拜占庭金融战役的序曲

法国军队满怀着对"南方非洲大陆的海外领地"的憧憬，却稀里糊涂地向东踏上了通向意大利道路（准备在意大利的威尼斯港口"免费"登船，并"免费"取得军费和补给）。但他们仅仅到达意大利北部后，就陷入了马匹无草料、士兵无口粮的窘境。"威尼斯共和国"许诺的军费连个影子都没有了，"免费海船"变成了"打折的优惠出租"。法军前进不得，后退不得，军队频频出现小规模哗变。这时"十二万分恼火"的法军统帅蒙费拉公爵·博尼法斯不得不找到"后勤总管"威尼斯总督恩里科·丹多洛"商讨对策"。

法军前线总指挥蒙费拉公爵·博尼法斯可能一直是和"威尼斯总督"恩里科·丹多洛"演双簧"，而大多数法国军人则是不知情的。这次会晤后，蒙费拉公爵·博尼法斯对法国士兵说："威尼斯总督恩里科·丹多洛出了一个解决给养的好办法，攻打扎拉城（现克罗地亚的札达尔）的海盗"。这根本是一个谎言，扎拉城是一个和平的商业城市。但法国军队却误以为是在打海盗（估计扎拉城的守军，也以为"海盗来进攻了"），双方血战一场后，

"法军得到了有限的一点点补给"，扎拉城变成了一片火海和废墟。

这场没头没脑的胡杀乱砍，并没有解决法军的军费和后勤补给，反倒让法国军队变得"更加不好约束了"，为了吃饱肚子，小规模的抢劫和哗变已经到了必须予以制止的地步，否则法国远征军就要"不战自溃"了。

（四）罗马拜占庭金融战役的高潮

"威尼斯总督"恩里科·丹多洛一直等待的就是这个时刻，他面对濒临失控的法军士兵公布了一份早就拟订好的"雇佣军协议"。小阿列克修斯代表此时依然被囚禁在地牢中的双眼失明的父亲伊萨克二世同意支付20万金币（也有说是银币）作为"平定罗马帝国叛乱的酬劳"。法军前线总指挥蒙费拉公爵·博尼法斯代表法军士兵"一口就答应了下来"。就这样一个开拓"南方海外领带的战争"演变为了法国和罗马拜占庭帝国"叛军"之间的战争。

图片说明：1204年，古罗马帝国的灭亡，从此罗马帝国从政治上不复存在[此后，有一个时期"威尼斯商人"又扶植了"一批皇族"，回到了君士坦丁堡，但基本是依靠银行家贷款，甚至典当家底的"傀儡"，不再有实际的意义。可以说罗马分裂成东西罗马、西罗马的灭亡、东罗马的灭亡都是由欧洲不同时期"商人资本"制造的"金币流动性短缺型金融危机后（演变为全面的经济危机和政治危机")]，欧洲进入了"多强争霸"的历史阶段。

水城的泡沫——威尼斯金融战役史

西方历史有这样的记载:"君士坦丁堡的沿海一面是马尔马拉海上的峻峭陡壁,只有金角湾沿岸地势平缓,是优秀的港湾,但是湾口拦上铁索。陆地一面的城防更是牢固无比,实际上法军在陆地一面的进攻也的确被拜占庭皇帝近卫军打退了。但是,威尼斯人长期在君士坦丁堡经商,对这里的防御措施可以说是了如指掌。他们并不直接攻打金角湾,而是绕至博斯普鲁斯海峡欧洲一岸的另一端,夺占了热那亚人移民区加拉塔,然后从这里砍掉铁索,进入金角湾。在湾内,威尼斯战舰烧毁了大批拜占庭舰只,然后用船上的投石机和云梯攻打君士坦丁堡城墙,夺取了沿海长城上的25座塔楼,又纵火焚毁了城墙附近的建筑。"

事实上,决定性的陆地战斗还未开始,拜占庭的卫戍雇佣军和法国军队力量基本持平,但历史上却并没有记载全面的战争。原因就是"威尼斯银行家"已经长时间不给罗马帝国提供金币(有关拜占庭帝国与威尼斯之前发生过一系列的争夺和较量,但双方又不断的"结盟",由于与本书无关,就不细说了),这些雇佣军早就军心涣散,没有"反戈一击",已经是"够有职业操守的了"。

本来到此,小阿列克修斯成功地"平定了叛乱",然后支付金币(或银币),这场战争也就结束了,并不会发展成为罗马拜占庭帝国的灭亡之战。但"一些身份不明的人"在君士坦丁堡城内四下放火、滥杀无辜、挑拨是非,最后干脆冲进皇宫绞死了小阿列克修斯,重新囚禁了伊萨克二世(双目失明的老皇帝),同时怂恿逃跑的阿列克修斯三世的女婿阿列克修斯·杜卡斯为新皇帝(阿列克修斯五世)。

小阿列克修斯的去世导致"雇佣军合约"无法履行,威尼斯总督恩里科·丹多洛借机发布了全面进攻罗马拜占庭首都君士坦丁堡的命令,大约4天后,罗马灭亡了。

(五)罗马拜占庭金融战役的尾声

1.威尼斯掌握了可以保证其海上优势的领土——伯罗奔尼撒半岛南端的摩冬港和科龙港,两地扼守爱琴海和黑海入口,被称为"威尼斯的右眼"。此外威尼斯还获得了伊庇鲁斯沿岸、爱奥尼亚群岛、科孚岛、克里特岛、爱琴海中其他几个大岛和色雷斯的港口,以及内地的亚得里安堡。

一句话:辉煌了上千年的罗马帝国,被威尼斯银行家发动的金融热战消灭了,罗马金融战役取得了完美的胜利。

2. 法军前线总指挥蒙费拉公爵·博尼法斯借机占据了萨洛尼卡港、(今)马其顿和(今)希腊中部的大片土地,成立了"萨洛尼卡公国"(1204~1223 年,有的历史学家称之为"拉丁王国",因为他开始自称"皇帝"),后被罗马帝国的残余势力剿灭,"皇帝" 鲍德温被俘。

3. 罗马金融战役的执行者威尼斯总督恩里科·丹多洛得到了威尼斯银行家丰厚的奖赏——威尼斯共和国把爱琴海中大部分岛屿赏赐给了这位金融战专家,他带着几个侄子和亲信,以此为领地建立了一个长期臣服于威尼斯银行家的阿希佩戈拉公国(1207~1566 年)。

4. 欧洲天下大乱,冒险家横行,罗马帝国从此消失了。虽然有好多欧洲政治势力自称是罗马帝国,比如击垮了"萨洛尼卡公国",报了一箭之仇的尼西亚帝国自称继承了罗马传统,但最多只是残余势力了。俄罗斯在沙皇时期曾自称"第三罗马",但实际古罗马帝国经此这次金融战役,彻底灭亡了。

5. 威尼斯银行家在此后的两百年中,又不时地挑动军阀割据的欧洲,让欧洲出现了大小几十个国家和几十种语言,再也没有形成罗马帝国的统一格局。金融资本的筹码反复放在军阀和各国君主的不同方面,让法国、德意志、各地军阀(大多以公国形式存在)陷入了一片混战,金融资本借机做大。

6. 令人讽刺而又深思的是:此后罗马帝国的各色残余势力所依靠的恰恰就是威尼斯的高利贷,甚至是威尼斯的军队或舰队。换句话说:威尼斯银行家要的就是一个臣服于金币力量的统一欧洲,在这之前却必须让欧洲尽可能地陷入分裂、战争和由此带来的"金融危机"。

第三章

威尼斯银行家的力量

——经理人资本的诞生

一、"废墟上的蚂蚁"——欧洲的最高权威

欧洲有一句谚语："罗马不是一日建成的。"罗马帝国曾经横跨欧亚非三个大陆，上千年的辉煌历史，却毁于威尼斯银行家的诡计。从社会角度来说，所谓的"威尼斯银行家"在早期是罗马帝国中的奴隶和仆人阶层慢慢演化而来的，罗马帝国的建国基础就是军事贵族体制和奴隶制度，但罗马帝国最后就亡在了尾大不掉的军阀集团和演变为跨国垄断金融资本雏形的"商人仆从"——"威尼斯商人"手中。这场罗马金融战役没有被史册记载，却成功地摧毁了一个庞大的帝国。

几百年前，得意的罗马皇族和军事贵族把金币交给奴隶来进行交易的时候，就放弃了财权、金融权、贸易权和货币权，仅留下"享乐权"、"所有权"（初期，后逐渐"花"了出去）和征税权。罗马帝国的权力从来就不是在罗马皇帝手中，而是在奴隶手中。

奴隶和仆人阶层中的一些人最终演变成了"商人"、"威尼斯商人"（金融资本）、"威尼斯银行家"（欧洲跨国垄断金融资本的雏形），然后仅仅通过一场金融战争，用金融资本（当时指"金币"）的力量，把罗马帝国变成了一片废墟——"蚂蚁打败了大象"。

这不仅是一场简单的传统奴隶制度的瓦解，还是金融奴隶体制的建立过程，罗马皇帝的封建世袭特权，变成金币持有者的资本世袭特权。所以，没有任何历史学家认为罗马帝国的崩溃是一次进步。

二、废墟上的新帝国——金融帝国的扩张

"威尼斯共和国"实际在消灭罗马帝国之前，已经彻底掌握了这个帝国。罗马帝国的运行为全依赖于"威尼斯银行家"的借贷，又在高利率的

盘剥下逐渐腐朽和没落。在这种情况下，罗马帝国的存在对"威尼斯共和国"是有好处的。

这就是金融战役一个不同于传统战争的特点：战争的发起者是金融资本，而执行主体是一个寄主国家。"威尼斯商人"在创立"威尼斯共和国"几百年中，经过了残酷的资本兼并和金币积累，演变成了更加"纯粹"的"威尼斯银行家"。他们已经不再满足于在几百平方千米的"威尼斯公国"内行使权力，而要建立一个金融资本统治下的欧洲金融帝国，这就让罗马帝国显得有些个"多余了"。经过权衡利弊，也是出于对意大利地方贵族势力和法国长远利益的战略打击，终于发动了罗马金融战役。

罗马金融战役摧毁了罗马帝国是显而易见的事，但"威尼斯银行家"的打击目标还包括了法国、意大利贵族和"威尼斯共和国"。

（一）法国经此一战，最实惠的利益被前线指挥官蒙费拉公爵·博尼法斯攫取

他成立了"萨洛尼卡公国"。不久，"威尼斯银行家"贷款给罗马帝国的残余势力"尼西亚帝国"，雇佣了大量（今保加利亚地区的）雇佣兵（也可以看做"盟友"），俘获了"皇帝"鲍德温（史称"亚得里安堡战役"）。19年的时间（1204～1223年），这个贪婪的法国指挥官所建立的"沙滩帝国"就烟消雾散了。一句话：他本人被"威尼斯银行家"耍了。法国在此后半个世纪一直与各种军阀进行军事较量，看似领土大了不少，但最后都没有守住，出现了战略总后退，丧失了法国的上升势头，国力消耗殆尽，从此法国再也没有能够主导欧洲大陆，还丧失了对（今）英国地区的影响力，被迫打了一场著名的"英法百年战争"（而法国、意大利北部贵族武装、"威尼斯共和国"联军摧毁罗马帝国时，英语都不存在，今日英国地区那时说法语）。

（二）意大利北部的贵族武装看似弄到了许多金币和领土，但却把海上的贸易权拱手让给了"威尼斯共和国"

这种愚蠢的做法在短期看是不明显的，但"威尼斯共和国"的银行控制了当时的欧洲贸易，收取了巨额的手续费和港口使用费，远处的一些国家还稍微好一点，由于"威尼斯共和国"就在意大利北部，故这个地区的贵族很快就陷入了金币不断减少的窘境。这个过程很缓慢，人们没有过分关注，由于要应对罗马帝国崩溃后的匪患和残余势力的骚扰，没人有闲心

去想这些"小事"（当时从罗马帝国得到的金币也足够花的）。但经过几十年、上百年后，整个意大利北部的贵族已经债台高筑，完全依靠"威尼斯银行家"的贷款才能够支撑下去。

由于当时的金币贷款利率高达20%，贵族只要开始借贷，就等于宣誓臣服"威尼斯银行家"的统治，不敢再有一点怨言，否则金币来源断绝，贵族所属领地会立刻陷入"流动性枯竭"，而引发恶性的金融危机和经济危机，这会导致贸易中断和军队哗变。所以，"威尼斯银行家"对意大利北部贵族的债务控制已经完成了。

（三）"威尼斯共和国"：罗马金融战役的目的之一就是打击"威尼斯共和国"

因为从13世纪开始，"威尼斯银行家"为代表的跨国垄断金融资本已经形成，"威尼斯共和国"作为一个寄主国家已经不足以承载如此庞大的金融资本了。为了给"威尼斯共和国"以后的灭亡安排下足够的敌人和伏笔，银行家们故意让"威尼斯共和国"扮演了一个诡计迭出、无所不为的"角色"。实际上，毫无实权的威尼斯总督恩里科·丹多洛出面打着"威尼斯共和国"的旗号去挑动这场战争，单纯依靠的"三寸不烂之舌"，甚至仅仅依靠临时贿赂一些金币都无法做到操纵整个欧洲强国之间的战争，关键的力量是"威尼斯银行家"对欧洲贵族体系几百年的扶植、渗透和布局。总督丹多洛是罕见的金融战专家，但让他出面的最大收获是——给"威尼斯共和国"四面树敌。

换句话说：从罗马金融战役开始，"威尼斯银行家"们已经开始决定从"威尼斯共和国"向外拓展（或者说撤离）了。

"威尼斯共和国"是意大利北部的重要地区，金融资本向外扩张的第一步就是削弱和主导整个意大利地区。由于当时意大利北部和南部由"不同"的银行势力控制，其中连接南北的意大利中部小镇佛罗伦萨（Florence）就"突然重要了起来"。

佛罗伦萨（Florence）是意大利中部的一个城市，兴建于罗马帝国恺撒时期，是托斯卡纳区首府。位于亚平宁山脉中段西麓盆地中。阿诺河横贯市内，目前人口不到40万人（在13世纪经过"威尼斯银行家"的金币注入，佛罗伦萨的人口超过了当时的伦敦，增长极快）。15～16世纪时佛罗伦萨是欧洲最著名的艺术中心，以美术工艺品和纺织品驰名全欧。1865～

1871 年曾为意大利统一后的临时首都。工业以玻璃器皿、陶瓷、高级服装、皮革为主。金银加工、艺术复制品等工艺品遐迩闻名。佛罗伦萨是连接意大利北部与南部交通的枢纽。欧洲文艺复兴运动的发祥地，举世闻名的文化旅游胜地。当时是金融资本的"外庄枢纽"（外庄：就是一个金融资本在中枢以外设立的交易中心和业务中心），也就成了当时"金银匠"的聚集地。

"威尼斯银行家"的扩张过程从罗马金融战役胜利结束（1204 年）到 1866 年威尼斯并入意大利为止，完成了一次复杂的战略转移[此间的斗争惊心动魄，纷繁复杂，而且金融资本的胃口实在太大了，他们实际在"文艺复兴运动"之前，就已经决定抛弃意大利地区，转向了一些新的金融国家，除了"威尼斯共和国"之外，先后经历了"西班牙·阿拉贡王国"、荷兰、英国（尤指威廉三世以后）、美国等]。

三、"威尼斯银行家"的外围——美第奇银行

（一）"金融经理人家族"与"僭主政治"的出现

本书是按照历史顺序来书写的，但由于银行家做事特别"低调"，布局长远，很多历史事件，如"罗马金融战役"突然又不可思议地发生之时，不过是一场好戏的落幕时刻。

在罗马金融战役胜利结束之后，以"威尼斯银行家"为代表的欧洲跨国垄断金融资本一方面开始了积极扩张，另一方面却不遗余力地"韬晦"，直到今天。后人很难了解"他们是谁"、"他们在哪里"、"他们做了什么"、"他们为什么要这样做"，人们只能从一些重大的历史刻度中隐约了解"他们什么时候做"，但谁又相信这些"臆想"呢？

13 世纪以后，"威尼斯银行家"就开始了对外（尤指意大利北部）的扩张。罗马金融战役（1202~1204 年）开始前的一年，一个不引人注意的"小人物"——金银匠查尔斯西莫就出现在意大利佛罗伦萨的一份文件中，身份是"钱币兑换商"（当时金银匠、高利贷者、钱币兑换商人、银行家的界限是模糊的），他就是"威尼斯银行家"选中的银行经理人，也就是后来震撼欧洲的"美第奇银行家族"（Medici）在这个城市的第一次亮相。

这个"不知从哪里来的人"拥有着无数的金币，美第奇家族创立了强大无比的美第奇银行，以"僭主政治"幕后统治佛罗伦萨和欧洲广大地区

几百年之久。

"僭主"，也称"僭主政治"，是欧洲历史上一种特殊的政治现象，背后经常是银行家在主导。在古希腊早期，这个词用来指代那些未经合法程序而取得政权的人。"僭"，就是"僭越"，也就是通过非法手段得到了主导权。贡斯当（本杰明·贡斯当，Benjamin Constant，1767～1830，出生于瑞士洛桑一个法国裔贵族家庭，故后人一般认为他是法国文学家、政治家、欧洲古典自由主义思想的先驱。他在1813年出版了《论僭主政治》）曾经深刻地指出："君主政治排除所有形式的自由；僭主政治需要这些自由的形式，以便证明它的颠覆活动是正当的，但是它在盗用它们的时候，又亵渎了它们。君主政治靠沉默的手段统治，并且它留给了人们沉默的权利；僭主政治则强迫人们讲话，它一直追查到人的思想最隐秘的栖身之处，迫使人们对自己的良心撒谎，从而剥夺了被压迫者最后这一点安慰。"

"僭主政治"是金融资本实现主导的政治形态，故称做"金融僭主制度"。它的出现必然伴随着前台"经营"的"经理人家族"的出现。"僭主政治"在欧洲并不稀奇，出现很早，但由银行家支持的一个经理人家族（这里指"美第奇银行"所有者）出面实施，就是一个重大的历史事件了。

1. "僭主政治"，作为一种银行家族非法操纵欧洲各国政治体制，长期实行幕后金融世袭统治成为银行家的首选模式和历史存在。

2. 正如贡斯当所指出的那样，"僭主政治"表面上很"民主"，其实却是"强迫人们撒谎"的金融世袭制，完全没有了欧洲封建体制内部的君主选拔机制和贵族内部的优胜劣汰机制（贵族阶层流动性不大，但用 1000年来衡量，贵族家族的含义是截然不同的），而纯粹依赖于血统。所以"僭主政治"和"威尼斯银行家"的结合点，是欧洲跨国金融资本对欧洲历史负面影响逐渐大于正面影响的分水岭。

3. "威尼斯银行家"通过"金融僭主政治"实施对欧洲广阔地区进行主导的事件标志着欧洲跨国垄断金融世袭资本已经成熟了，一个新的时代开始了。

4. "僭主政治"最腐败的地方，也是"金融僭主制度"不同于欧洲传统"僭主政治"的本质区别在于："僭主本人"不是最高决策者，而是一个实施前台表演和"具体操作的经理人"。"美第奇银行"是早期欧洲"威尼斯银行家"时代最典型的"金融僭主制度"的代表。"银行家族"的幕后统治，不再接受任何形式的监督，这带来了僭主政治的黑箱化。

（二）美第奇家族

1.美第奇家族的神秘身世

保罗·斯特拉森先生（[美]保罗·斯特拉森著，马永波，聂文静译.美第奇家族.北京：新星出版社.2006）有过这样的描述："据说，美第奇家族是一个名叫阿伟拉多的骑士的后裔，在 8 世纪，他为查理曼攻取了伦巴迪亚区。据美第奇家族传说记载，传闻中有一个威胁四邻的巨人，阿伟拉多听说后，就进入穆杰洛——靠近佛罗伦萨的一个僻静河谷，寻找那个巨人，并向他挑战。当他们彼此面对时，那个巨人挥舞着他的狼牙棒向阿伟拉多砸来，阿伟拉多低头躲了过去，狼牙棒的铁球打在他的盾牌上；最后，阿伟拉多设法杀死了巨人。阿伟拉多的壮举，给查理曼（即查理大帝）留下了很深的印象，他命令，从此以后，他勇敢的骑士阿伟拉多，可以把他的有凹痕的盾牌，当成他个人的勋章。美第奇家族的金底红球徽章，据说就是由阿伟拉多有凹痕的盾牌发展而来的。另一种说法声称，正如他们的名字（Medici）所暗示的那样，他们本来是药剂师，是给民众分发药品的，他们徽章上的球形，事实上是药丸。这种说法总是遭到美第奇家族成员的否认。他们徽章的来源，也很可能是中世纪的钱币兑换商挂在商店外面的标志，是描述钱币的。因为钱币兑换，是美第奇家族最初的生意。那时，传奇骑士阿伟拉多在穆杰洛安顿了下来。13 世纪初，美第奇家族离开加弗吉奥罗，想去佛罗伦萨碰碰运气。美第奇家族把家安顿在圣洛伦佐附近，围绕在圣洛伦佐教堂周围。罗伦萨历史中首次提到的美第奇，是查尔斯西莫。查尔斯西莫出现在一份 1201 年的合法文件上，**在这期间，这个家族发生了什么事，我们知道的很少。**"

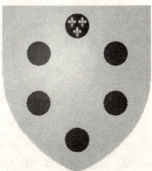

图片说明：欧洲古时，美第奇银行家族的徽章，也是今天佛罗伦萨的市徽。

水城的泡沫——威尼斯金融战役史

真诚感谢图片绘制者：Oren neu dag 先生（Creative Commons. CC. 创作共用. 署名公益版权类别）。

事实上，13 世纪后期美第奇家族已经拥有了"数不尽的金币"，后来甚至在佛罗伦萨实施"僭主政治"，并主导整个欧洲（如果不是全部拥有的话）的一切。欧洲各国，甚至法国这样强大的国家都到了要讨好美第奇家族换取金币的地步，可以说明美第奇银行资本雄厚。这样一个银行家族却是凭空出现的，这不可思议。虽然没有直接的证据，但美第奇家族应该是在罗马金融战役开始之前，就被"威尼斯银行家"为代表的欧洲金融资本看中，选做了主导佛罗伦萨，乃至整个欧洲的代理人。道理很简单：除了"威尼斯银行家"没有人可以提供一笔可以主导欧洲各国的金币资本（如果有这样一个金融资本一直在慢慢成长，那么历史上就不会有"威尼斯银行家"的踪迹了）。

美第奇家族不会是什么"骑士"的后裔，更大的可能是来自商人阶层，13 世纪初则属于一个金银首饰匠家族，而且规模很小。

这里有一个引人遐想的问题：这个红色盾牌和后来欧洲罗思柴尔德（红盾之意，伦敦时期的摩根财团仅仅是该银行家族幕后支持的高级经理人，摩根财团是纽约美联储的股东之一，不过据美国金融史大师尤斯塔斯先生考证，罗思柴尔德家族是后期自己形成的）银行家族有没有联系……

图片说明：Mayer Amschel Rothschild，（1744.2.23 ～1812.9.19）。"Rothschild"德语含义是"红盾"，据说他是罗思柴尔德银行家族的创始人，在西方被誉为"国际金

融之父"。

2. 美第奇家族的部分名人录

萨尔韦斯特罗·德·美第奇（1331～1388），镇压梳毛工起义事件，成为佛罗伦萨的正义旗手，1382年被驱逐。

乔凡尼·德·美第奇（1360～1429），恢复了家庭时运和使美第奇家庭成为欧洲最富裕的家族。

科西莫·德·美第奇（1389～1464），第一个佛罗伦萨僭主。

洛伦佐一世·德·美第奇（1449～1492），在文艺复兴时期的黄金时代期间领导佛罗伦萨。

乔凡尼·德·美第奇（1475～1521），即"教皇"利奥十世。

朱利奥·德·美第奇（1478～1534），即"教皇"克莱门特七世。

科西莫一世·德·美第奇（1519～1574），第一代托斯卡纳大公，复兴美第奇家族。

凯瑟琳·德·美第奇（1519～1589），法国王后、摄政王。

亚历山德罗·奥塔维亚诺·德·美第奇（1535～1605），即"教皇"利奥十一世。

斐迪南一世·德·美第奇（1549～1609）第三代托斯卡纳大公。

斐迪南二世·德·美第奇（1610～1670）第五代托斯卡纳大公。

玛丽·德·美第奇（1573～1642），法国王后、摄政王。

吉安·加斯托内·德·美第奇（1671～1737），最后一任托斯卡纳大公，美第奇家族至此"绝嗣"。

简而言之：美第奇家族先后出过三位"教皇"、多名佛罗伦萨的统治者，两位法兰西王后（均曾出任"法国摄政"）和其他一些英国王室成员。

（三）美第奇银行

Medici Bank（1397～1494年）是15世纪欧洲最著名的银行之一，美第奇家族牢牢掌握了佛罗伦萨的权力，并进一步扩展到整个意大利地区以及全欧洲。

但美第奇家族却是罗马金融战役之前突然出现在佛罗伦萨，在罗马帝国被摧毁后的几十年间内，就完成了对意大利贵族的高利贷控制和对佛罗伦萨地区的幕后主导。美第奇银行和后来的"僭主政治"不过是这种幕后主导和金融影响力逐渐发展的必然结果。

"威尼斯银行家"协助佛罗伦萨建立了一个"九人议会制度"，所推举的名义行政长官任期很短（曾经只有两个月），不仅这种所谓的"推举制度"根本就是银行家在幕后"导演"，而行政长官的权力也要看与金融资本的配合程度而定，否则仅仅是一个"摆设而已"。

四、武装银行——"焦尔焦银行"

"焦尔焦银行"出现得比较晚（在 15 世纪），却是"威尼斯银行家""一贯做法"的典型体现，放在这里做一个短小的评述，以便让尊敬的读者了解"威尼斯银行家"在欧洲如何施展影响力以及跨国金融资本到底是什么概念。

在罗马金融战役结束后的几百年中，欧洲陷入了一片混战，相互征伐、瘟疫流行不断，但却是"威尼斯银行家"的黄金时期。因为欧洲在大规模开辟海外领地之前，金币一直供给不足，频繁战争所需的军费只能依靠税收和借贷，税收所依靠的经济却频频被战乱和金币流动性匮乏制造的"金融危机"所困扰，变得非常不稳定，"威尼斯银行家"的金币贷款就成了欧洲各国"稳定而又畸形的资金来源"（这种情况实际上又进一步加重了欧洲各国的金币短缺，因为这种高息债务会将金币从欧洲各国"慢慢抽走"，这种对"国际债权人"的依赖类似于"金融吸毒"的过程，欧洲各国逐渐形成了一个荒谬的"债务货币体制"，直到今天）。

"焦尔焦银行"就是"威尼斯银行家"这种做法的直接产物（虽然它出现的时候，"威尼斯共和国"已经走向了衰落，但"银行家"，却走进了鼎盛的时代）。

"学者"马基雅维利（Machiavelli Niccolò，1469～1527，意大利人）有如下描述："热那亚在和威尼斯打了一次大仗之后媾和时，由于共和国无力偿还那些曾借给大批款项供作战用的人的债务，就把关卡（称为"多加诺"）的税收让给这些债权人，使他们按照各自债权大小共分税收，直至全部清偿为止。为了给这些人提供一个集合地点，就把关卡上面豪华的房子拨给他们使用。这些债权人成立一个管理机构，指定一个由 100 人参加的议事会指导业务，还组成一个 8 人委员会作为执行机关，执行议事会作出的各项决定。他们把债权分为若干股份（名叫"卢奥吉"）。整个机构定名为焦尔焦银行或公司。他们组成这样的管理机构之后，城邦又陷入新的财政困难，于是就向焦尔焦银行要求援助。银行既有雄厚财力，又善于经营，

是有能力满足政府财政援助的要求的。另一方面，热那亚城邦政府就像当初把关卡税收让出去那样，这时又指定一些城镇、要塞或地区作为向银行借款的抵押。由于城邦常缺钱用，焦尔焦银行又有款可贷，这样的做法发展到这个地步，焦尔焦银行竟将热那亚领域内大多数城镇置于它的管辖之下。这些城镇由银行派人治理和保卫；银行每年选出自己的代表前往各地主持政务，共和国政府丝毫不能加以干涉。这样一来，公民的感情就由政府一边转到焦尔焦银行一边；这也是因为政府官员暴虐、而银行则采用良好的规章制度管理。共和国政府因此也经常更换，时而由本地一位公民充当首脑，时而又由一位外乡人担任，因为是由长官们而不是银行使政府发生变更。弗雷戈索和阿多尔尼两大家族一旦发生对抗，共和国政府也是他们争夺的对象，大部分官员都自行引退，把政府留给胜利的一方。焦尔焦银行对这样的事的唯一干预是，当一方压倒另一方从而控制政府之后，银行就要求他们遵守它的法律，这项法律迄今仍未改变。因为银行拥有金钱和势力，还有武装部队，这些法律是改不得的，要改动时，必然立即引起极其危险的暴乱。"（［意］马基雅维利著，刘将译.佛罗伦萨史.北京：中国社会出版社.1999）

这个时期，金融资本已经可以仅凭金融力量就夺取欧洲不同地区的主导权（实际已经是另一种变形的"金融僭主政治"了），对于欧洲金融来说：金融冷战的黄金时代已经到来了（金融冷战就是金融力量为主，不动用军事力量的金融战役形态）。

五、"平静的300年"——欧洲金融帝国的秘密扩张

从表面上来看，13世纪初的罗马金融战役是欧洲历史震撼人心的大变革，也是一道古代欧洲和"中世纪欧洲"的分水岭。但实际13世纪和14世纪对于"威尼斯金融资本"来说，却是在幕后实现对欧洲统一"僭主政治"的重要时期。

"中世纪"（约476~1453年），也称中古时代，是欧洲历史上的一个历史阶段，一般从西罗马帝国灭亡开始计算，直到东罗马帝国灭亡，民族国家抬头的时期为止。但是也有人认为中古时代是由476~1492年，而在1492年，哥伦布"发现"了美洲。更有人认为中古时代是由395年开始的（395年，罗马帝国分裂成东罗马帝国和西罗马帝国）。

但是所谓的"中世纪"这个说法，就是为了配合所谓的"文艺复兴"

水城的泡沫——威尼斯金融战役史

的说法而出现的一种"宣传概念"，常常在前面加上一些贬义形容词，比如"愚昧的中世纪"、"黑暗的中世纪"等；在"文艺复兴"前面会加褒义形容词，比如"伟大的文艺复兴"。 17～18 世纪启蒙运动中的康德和伏尔泰的作品中确立了这种"1000 年黑暗时代（中世纪）"的说法，但伏尔泰不仅长期由欧洲金融资本一手扶植，而且关系"一度不分你我"。

人类文明的发展从来就不存在"空白的跳跃"，"文艺复兴"时期所孕育的科学革命和工业革命固然伟大，但没有欧洲学者上千年的研究和"试错"，就成了"无本之木、无源之水"。把欧洲 1000 年，甚至 1100 年的文明史都称做"中世纪"的做法，是一种虚假的宣传，也是一种泛泛的历史划分，其背后的目的极其复杂，始作俑者就是"威尼斯银行家"。

早期"威尼斯商人"出于拜金主义和实用主义对于文学艺术还不感兴趣，"威尼斯银行家"对于文学艺术的"忽略"（姑且不说是"故意的打压"）和人为制造欧洲金币流动性短缺和高利率政策，才是欧洲长期陷入发展滞后和蒙昧的真正原因。即便如此，欧洲在这 1100 年的时间里，出现了无数的科学发明和优秀学者，根本不存在一个所谓的长达 1100 年的"蒙昧的中世纪"。欧洲的学者、文学家对于"威尼斯银行家"的危害看得很清楚，抵触很大，这就影响了金融资本在全欧洲的扩张。"文艺复兴"是欧洲金融资本从古代向近代过渡的一个标志，也是银行家一次重要的战略转折。

1. 金融资本代理人体制的完善：在"美第奇银行"、"焦尔焦银行"（金融代理人）和一些被扶植的欧洲贵族（政治代理人）之外，文学、法律、艺术、科技等领域的"学术代理人"粉墨登场了。这标志着"威尼斯金融资本"走向了成熟，走向了现代。

2. "威尼斯共和国"一直是实用主义的金融强权立国，依托强大的金融力量割据一方，而"威尼斯银行家"开始推动所谓的"文艺复兴"，标志着他们开始了对欧洲的金融统一和对"威尼斯共和国"抛弃。

"中世纪"这个词汇常常和"宗教裁判所"相连接，"美第奇银行"则被称做"文艺复兴的教父"，是"坚决反对"中世纪蒙昧的一面旗帜。但美第奇家族就是"威尼斯金融资本"支持下的欧洲"金融僭主制度"的创始人（出过三个"教皇"），实施着不同于"欧洲中世纪贵族推举制度"的"家族世袭制度"（任何人都能一眼看出："僭主制"比"贵族推举制度"要落后）。具有讽刺意味的是："宗教裁判所"这个事物出现很晚（或者说其性质出现变化的时间），就是在罗马金融战役之后，意大利阿纳尼城特拉西蒙

伯爵（"威尼斯商人"的世家贵族）的儿子"吉奥瓦尼·罗它里奥·德·康提"在"威尼斯银行家"的帮助下，接管了欧洲宗教事务后建立的。

所以，真正的"蒙昧的中世纪"和"文艺复兴"是"一个硬币的两面"，是"威尼斯银行家"逐渐从"威尼斯共和国"向整个欧洲进行金融扩张和布局的历史过程。"中世纪"和"文艺复兴"的起止时间为：1204～1492年。

图片说明：这是一个典型的"中世纪城堡"，"领主"等贵族和一些平民、商人住在其中，四周是落后和贫困的农业区，负责缴纳税金和提供兵源，"城堡主人"负责治安防务和司法审判。

六、"威尼斯共和国"的扩张

（一）三股势力的形成

准确地说，应该是"威尼斯银行家"的扩张，而不是"威尼斯共和国"的扩张，因为金融资本的到来固然会带来一段时期的繁荣，但金融资本的"扩张"过程对于"威尼斯共和国"来说，（从长期看）也是一个金融资本离开的过程。

"威尼斯共和国"的对外扩张从意大利北部开始，然后集中到了辖制意大利南北交通枢纽的佛罗伦萨。所以，威尼斯金融资本对佛罗伦萨的扩张和渗透，是这个时期最为典型的扩张案例。

由于罗马帝国经过金融战役的打击，已经名存实亡了，一些皇族甚至

依靠出卖物品和借入高利贷雇用一些"军队"和仆人撑门面。可以说，罗马帝国在政治上已经死亡了。佛罗伦萨地区就陷入了一个毫无法律的，由地方贵族、地主等"豪强政治"主导的历史时期（这无疑为金融资本渗透提供了天赐良机，这就是"威尼斯银行家"发动金融战役打击罗马帝国，消耗法国和意大利贵族的原因）。

这些豪强家族胡作非为，杀人得不到惩罚，买卖公平也得不到尊重。在这个特殊的"城邦政治"时期，佛罗伦萨和欧洲大多数城市一样，形成了三股势力。第一股势力"贵族豪强势力"（金融资本对其有很强的渗透），占据主导地位；第二股势力"平民势力"（或称"商业行会势力"），这股势力的背后就是金融资本；第三股势力是"工匠势力"（这里的工匠以金匠、石匠、木匠等为最上层，是由金融资本幕后支持的一种组织严密的准军事组织、秘密帮会组织）。

这三股势力相互争斗，但都是由"威尼斯金融资本"在幕后导演，目的就是在摸索一条各个阶层都能接受的统治模式，后期逐渐确定由银行代理人出面建立"金融僭主制度"，实施金融资本的全面主导。

（二）"正义旗手"、"僭主"和"佛罗伦萨公爵"

佛罗伦萨是"威尼斯银行家"的一个"试点"。从13世纪开始，这座城市一直秘密把持在"威尼斯银行家"手中，所有的争斗各方都由银行家们牢牢控制着，有时这种"争斗"是为了做一点点"社会实验"，有时不过是"消耗一下不满人群的冲动"。大约在14世纪，佛罗伦萨先后形成了三种"最高长官"并存的局面。

1. "正义旗手"：这是一个职务，其背后金融资本支持的"平民商业行会组织"和"工匠组织"。这个"职务"从表面上来说，似乎是维持正义的中立者，也总是以"平民领袖"自称。但人们必须了解：这是一个典型的金融资本扶植的代理人，一直致力于瓦解欧洲传统的贵族推举制度和特权制度，所以"很有吸引力"，但其所支持的却是"金融僭主制度"（美第奇家族有时也直接出任"正义旗手"，比如萨尔韦斯特罗·德·美第奇 1378年震动整个佛罗伦萨的梳毛工起义爆发时，是当值的正义旗手）。

2. "僭主"：佛罗伦萨的僭主一直由美第奇银行家族成员出任。

科西莫·德·美第奇（1434～1464年）

皮耶罗一世·德·美第奇（绰号"痛风病人"，1464～1469年）

洛伦佐·德·美第奇（绰号"华丽的洛伦佐"，1469～1492 年）

朱利亚诺·德·美第奇（1469～1478 年）

皮耶罗二世·德·美第奇（1492～1494 年）

美第奇家族被驱逐，佛罗伦萨恢复共和制（1494～1512 年）。

乔凡尼·德·美第奇（1512～1513 年）

洛伦佐二世·德·美第奇（1513～1519 年）

朱利奥·德·美第奇（1519～1523 年）

因波利托·德·美第奇（1523～1527 年）

亚历山德罗·德·美第奇（1523～1527 年）

佛罗伦萨恢复共和制（1527～1530 年）

亚历山德罗·德·美第奇（1530～1531 年）

3. "佛罗伦萨公爵"：这个代表着贵族利益的头衔，也由美第奇银行家族"包了下来"。

亚历山德罗·德·美第奇（1531～1537 年）

科西莫一世（1537～1569 年）

（美第奇家族 1569 年获得大公称号，故美第奇银行家族 1434～1531 年为僭主，1531～1569 年为佛罗伦萨公爵，1569～1737 年为托斯卡纳大公）

科西莫一世（1569～1574 年）

弗朗切斯科一世（1574～1587 年）

斐迪南一世（1587～1609 年）

科西莫二世（1609～1621 年）

斐迪南二世（1621～1670 年）

科西莫三世（1670～1723 年）

吉安·加斯托内·德·美第奇（1723～1737 年）

由此可知，"正义旗手"、"僭主"、"佛罗伦萨公爵"之间的"争斗"是多么的富有戏剧性。不过也不能说这种"争斗"纯粹是表演，比如：美第奇银行家族的科西莫家族分支一直统治佛罗伦萨，直到第一代佛罗伦萨公爵亚历山德罗·德·美第奇在 1537 年被刺杀，权势转移到乔凡尼小儿子洛伦佐一世·德·美第奇的这一分支，由乔凡尼的玄孙科西莫一世执掌（当时还存在着一个支持教权的"圭尔夫派"和支持世俗权力的"吉贝林派"，但都是上述三股势力的整合与交织，自然也都是"威尼斯银行家"在幕后主导，就不重复叙述了）。

（三）"正义旗手"—— 贾诺·德拉·贝拉的故事

这是一个三股势力相互"斗争"，而佛罗伦萨市民被盲目卷入，导致持续混乱的经典案例。贾诺·德拉·贝拉是一个"正义旗手"，一些欧洲历史学家认为这个职务是"最高职务"，这有待商榷。他由"威尼斯银行家"主导的"平民商业行会"和"工匠行会"的资金和武装所支持，不断掀起针对贵族阶层的声讨。贵族阶层确实做了好多违法的事，尤其伤害了穷苦人，杀人等严重犯罪不会受到惩罚，这助长了豪强的气焰，引发了更多的罪案。"正义旗手" 贾诺·德拉·贝拉在这里扮演了一个"正面角色"。

贵族科尔索·多纳蒂因为斗殴杀人被捕，又被无罪释放。马基雅维利记录下了这次罪案："这可能是他真的无罪，也可能是首长不敢判他的刑"，也就是当时的人都无法确定这个案件是否真的"误判"了。但却在后来的发展过程中，形成了以"正义旗手" 贾诺·德拉·贝拉为首的"平民阶层"和地方豪强为首的"贵族阶层"的武装对垒。人们常被这"平民"和"贵族"的词汇所误导，实际这里的"平民"是实力超过贵族的金融资本和武装的工匠协会组织与逐渐落魄的传统贵族势力的对垒，真正的"平民"被称作"下层市民"（popolo minuto）（因为普遍得不到足够的粮食，故被叫做"瘦弱的人"）。

因为此时贵族阶层其实由新兴的金融贵族阶层（买的爵位或联姻形成的"金融新贵"）在主导，所以当矛盾接近激化的时候（动摇贵族体制，巩固僭主制度的目的已经达到），"正义旗手" 贾诺·德拉·贝拉偷偷离开了佛罗伦萨。

七、欧洲金属币体制下的通货膨胀和"高利贷的取消"

这两件"小事"与"威尼斯银行家"有很大的关系，可以看出金融资本的敛财过程对欧洲经济"高效率"的破坏。

（一）金属币体制下的通货膨胀与通货紧缩

有一种观点认为："金属币体制下通货膨胀很低。"在没有"人为操纵"的纯市场条件下，这个观点是成立的。但自从金融资本出现在欧洲大陆之后，就不好一概而论了。举例：2～3 世纪，古罗马军服的价格上涨了几十倍；小麦价格涨了近百倍，这里的原因有两个。

1. 早期的货币发行权的本质是"铸币权",还处于"金匠"和"商人"发展阶段的欧洲金融资本承接(甚至干脆"自行其是")了"铸币业务",以国际债权人的身份,联合君主们偷偷减少金属币中的白银和黄金含量。金融资本偷偷换回高含量的金属币,熔毁后铸造低含量的"私币",这就是早期欧洲"金匠"制造的金属币通货膨胀。

2. 欧洲地域很辽阔,罗马帝国的领土横跨欧亚非,经济规模所需的金币流动性也很大。当时的人们(除了"商人"和"金匠"们)没有意识到1个百分点的巨大价值。古代欧洲大陆的金银总量长期不变,人口和经济发展所需的货币已出现了严重的短缺,金融资本清醒地认识到了这个"天赐良机",想尽一切办法垄断贸易(也就是贵族们不屑干的"下等交易"、"辛苦活"),从中提取一个又一个"百分点"、"千分点",甚至仅仅是一个"基本点"("万分点")。当1000个金币交易的时候,有1个金币进入了"商人们的金窖"时,没有人会察觉。但金属币流通几百次后,大多数的金币和银币就都存进了"商人的金窖",这个时候黄金、白银的购买力实际出现了空前的增长,欧洲各国对金币、银币的渴望呈正比增长,此时只要把纯金熔化成含量很低或虽然重量很小(纯金币)的"小金币",同样可以被人接受。即便如此,罗马帝国还是发生了空前严重的"经济危机"(分裂成了东西罗马,从此走上了衰落的道路),这种"金融危机"既是欧洲古代金融资本人为制造的"金币短缺",也是金属币体制固有的风险。

直到16世纪,墨西哥和秘鲁产出了约1700万千克纯银和18.1万千克纯金,才极大地缓解了欧洲金融资本蓄意制造的"金币流动性匮乏",催生了欧洲的工业革命,否则欧洲的工业革命就会被银行家们扼杀在摇篮中,永远也不可能诞生——"金币流动性匮乏"导致的"欧洲金融危机"对欧洲各国是灾难,对银行家是无上的权力。

(二)"高利贷的禁止"与"威尼斯银行家的高利贷"

"威尼斯银行家"在发迹期间,利用在欧洲建立大学的"高端学术主导",推广了一个认识:高利贷是罪恶的。所以莎士比亚《威尼斯商人》这个欧洲金融戏剧中的正面人物是威尼斯商人安东尼奥,反面人物高利贷者夏洛克,也就是说:"威尼斯共和国"反对"高利贷"的传统观点深入人心,颇得人们好评,但事实却恰恰相反。古代欧洲一直有金币短缺问题,长期经济发展停滞,贸易所需的流动资金大多依靠借贷,也就是来自各种"高

利贷者"。当时商人之间的借贷利率为 10%的贷款还是存在的，但自从欧洲逐渐禁止"高利贷"之后，欧洲的贷款逐渐被"威尼斯商人"垄断（道理很简单：禁止"高利贷"的是"教廷"，而"威尼斯商人"一直是"教廷"的捐助者，甚至美第奇银行家族就出过三任"教皇"）。

"威尼斯银行家"发明了一个特殊的理论：信用理论。他们根本就不承认自己在靠"利息"发财（其实是发放高利贷），而是收回"经营风险回报"、承担兑换成本和"免费把钱送给他人使用时，替他人承担信用风险"。这些荒谬的说法，让"威尼斯商人"可以制定高达 30%的"利率"（名义上是"服务费"），对欧洲开始了残酷的"高利贷金融主义盘剥"。只有少数国家或商人可以借入 30%利率的债务而不陷入银行家们的债务陷阱。

"威尼斯商人"将金币、银币的贷款利率提高到了 30%的水平，并且长期维持在这个高度，实际对欧洲各国征收着"金币垄断税"，极大地制约了欧洲经济的发展，导致了欧洲出现了一个几百年的经济衰退。

八、"威尼斯银行家"与"欧洲垄断金融资本"

这两个概念不一样，但又"同脉同宗"。本书的"中世纪"与"文艺复兴"是同一个时间段，不论历史学家如何看待这种时间划分，"威尼斯银行家"就是在这段时间内，逐步演变成了"欧洲跨国垄断金融资本"。罗马金融战役结束之前，"威尼斯商人"的敌人是欧洲贵族势力（或者说欧洲传统社会秩序），但最重要的"事情"莫过于银行家族之间的兼并，也包括银行家族内部不同分支、姻亲之间的兼并。

锡耶纳（Siena），意大利托斯卡纳大区的一座城市，锡耶纳省首府。其老城中心区 1995 年被联合国教科文组织列为世界文化遗产，市区面积118 平方千米，人口 54498 人（2004 年）。在欧洲地图上，意大利的版图特别像一只"皮靴"，"皮靴的中部"有两个"金纽扣"，一个就是"威尼斯银行家"控制的佛罗伦萨，另一个就是"锡耶纳银行家"控制的"锡耶纳"（这两股金融资本颇有渊源，但走的"经营道路"不一样，与本书无关就点到为止了，一句话："锡耶纳银行家"要"传统"得多）。

这两支金融力量不论谁获胜，最后都要发展成欧洲的垄断金融资本（"竞争者"不止他们），他们围绕意大利的控制权进行了残酷的较量。"威尼斯银行家"通过佛罗伦萨的代理人家族与"锡耶纳银行家"进行的斗争是一场"零和游戏"（就是你多了，我就少了）。佛罗伦萨地区的美第奇银

行对"教廷"有着巨大的影响力，也被历史学家看做是"圭尔夫派金融资本"（其实也许恰恰相反，由于比较复杂，这里就不解释了），而"锡耶纳银行家"则依靠欧洲各国的贵族和世俗权力，也就成了"吉贝林派金融资本"。

他们不断进行银行战争，试图吞并对手，此时的银行直接拥有强大的"银行武装"，金融热战用在金融资本内部的兼并，也是一个很特殊的历史现象（因为此刻金融资本已足够强大，逐渐放弃了依靠军事力量主导欧洲各国的做法和企图，仅依靠金融资本就足以发动颠覆任何一个欧洲国家的金融冷战了），包括 1260 年的蒙塔佩尔蒂（Montaperti）战役和 1269 年的埃尔萨山口（Colle Val d'Elsa）战役等。

这种传统的战争形态，不仅没有给双方带来好处，反倒"伤兵损将"。这两股金融资本之间的搏斗，又重新回归到了金融战役的层面。这就发生了一场没有被载入史册的"锡耶纳金融战役"，这场金融战役前后有两个阶段，重点全部在"威尼斯银行家"内部的资本兼并。

（一）第一战役阶段——"锡耶纳金融战役"

这个阶段最主要的打击对象是"锡耶纳银行"——邦西格诺家族（Bonsignori Family）。"威尼斯银行家"一方面收紧银根制造了欧洲的"金币流动性短缺"，另一方面用相对低的利率向"邦西格诺家族"在欧洲皇室和贵族中的客户进行贷款，条件只有一个——不能用于归还"邦西格诺家族"的银行贷款。这是一场"不公平的较量"，"邦西格诺家族"很快就破产了。

"威尼斯银行家"能够轻易打垮家底殷实的"邦西格诺家族"并非偶然，一方面欧洲此时最通用的货币就是"佛罗伦萨"发行的金币弗罗林（约在 1252 年开始发行），掌握了欧洲的"货币发行权"，另一方面他们联合了许多大银行家，包括巴尔迪家族、佩鲁奇家族和阿齐艾乌奥利家族三个强大的银行家族，共同实施了"锡耶纳金融战役"，并由这三个"盟友分享"了全部成果，威尼斯银行家"什么也没有要"。

（二）第二战役阶段——1340 年的"欧洲大萧条"

"威尼斯银行家"在 1340 年收紧银根，停止贷款，制造了一场仅次于 3 世纪"金融危机"（导致罗马帝国"分治"）的"欧洲大萧条"，这是一场空前规模的金币（银币）短缺，欧洲各国面对突然爆发的"金融危机"一

片恐慌，贸易中止、商家破产、军饷无力支付，金融危机迅速演变成政治危机。开始，财大气粗的佩鲁奇家族等"佛罗伦萨三大银行家族"并没有预料到"金融危机"的到来，他们依托"盟友"——"威尼斯银行家"，空前乐观地向欧洲各国皇室进行贷款。

此时法国势力开始膨胀，"威尼斯银行家"插手英国地区事务，企图挑起英国与法国的战争。对于这一点，佩鲁奇家族等"圈内人"（或者称"自己人"，甚至是"亲戚们"）非常清楚，故大胆地给爱德华三世贷款，试图发一笔"战争横财"。

但1340年的"欧洲大萧条"的突然到来，让欧洲各国陷入了"金融危机"，纷纷陷入了空前的"金币流动性短缺"，"大度的威尼斯银行家"愿意给欧洲各国提供金币，但条件只有一个：仅可用于贸易（不能用于还债）。就这样，巴尔迪家族、佩鲁奇家族和阿齐艾乌奥利家族等三个银行家族，先后破产。他们的资产、业务和客户，由美第奇银行接手，外人几乎无法看出有什么变化。此后，锡耶纳一直由美第奇银行管理（也就是"僭主政治"）。1559年，柯西莫一世·德·美第奇统治时期，锡耶纳正式划入托斯卡纳公国（美第奇家族的家族领地，美第奇银行负责人被尊称为"托斯卡纳大公"，故有此说）。

九、"银行家"的先知先觉

金融战役学是21世纪才创立的，本书是古代金融战役简史的第一本，而金融战役一些战术和惯例早在2000年前的欧洲就开始应用了，到了13世纪以后，"威尼斯银行家"已经具备了现代金融资本的大多数特征，并且非常的专业、战略思想和战术研究领先世界1000年。

美第奇银行所采用的复式记账法，今天人们还在使用。依托货币发行权和利率制定权，制造广泛的"流动性短缺"导致金融危机，然后取得"破产企业"的所有权。这种金融战策略从3世纪以后，先后被银行家们使用了无数次，可人们至今没有意识到：没有银行家，就没有"金融危机"；"金融危机"本身就是一场"虚拟危机"。

意大利人马基雅维利（1469～1527年）也感觉到了某种"经济问题"的存在，却把其归咎于"国王的管理不善"、"官吏的腐败和无能"、"殖民区开发的停止"。他发现了一个问题：欧洲人不再开拓城市了，而是从一个城市转移到另一个城市（"财富"没有增加，而是转移）。这个原因就是由

"威尼斯银行家"人为制造的"金币流动性短缺"导致的"紧缩性经济危机"。

十、铲除"三个敌人"

从 1204～1492 年，"威尼斯银行家"先后铲除了三个"敌人"。

1. 早期有着"汗马功劳"的法国军事贵族，这些人勾结跨国金融资本出卖民族利益，动用法国军队为个人开辟"国土"，最后全部被"威尼斯银行家"铲除了。

2. 意大利北部贵族形成的新的金融资本和传统贵族世俗政权，这些人野心勃勃、割据一方、胡作非为，拥有的军队总量和财富总量可能不比"威尼斯银行家"少。但他们不仅是一盘散沙，而且为害乡里、毫无信义、尔虞我诈、相互征伐，虽然曾经形成了一个"米兰公爵"为核心的力量，但最终全部统一在了美第奇银行的"僭主政治"下，不再具有决定性的政治影响力了。

3. 法国过早地被卷入了罗马金融战役，这让处于国力急剧上升时期的法国卷入了欧洲大陆的军阀混战，表面上"四面开花"，实际不仅丢失了对英伦三岛的影响力，而且"眼皮底下"的德意志国家也变得兵强马壮。法国从一个可以替代罗马帝国的强大欧洲帝国，变成了一个强大但却长期陷入战乱的欧洲强国。"威尼斯银行家"为了清除法国人在意大利地区和美第奇银行争夺权势的能力，收买了一个名叫圭多·博纳托的"星相家"（就是我国古代的"巫师"或"算命先生"），用"神谕"诱使"富尔人"的军队杀光意大利半岛的所有法国人（这其实是一场残酷的屠杀和"威尼斯共和国"和"法国"之间"友好盟约"的彻底破裂），还收买"阿拉贡国王彼得"杀死了所有西西里岛上的法国人，然后"宣布独立"（实际是彻底摆脱法国影响力，接受美第奇银行的僭主统治）。

一句话：罗马金融战役的参与者都被"威尼斯银行家"耍了，一切挡在银行家在意大利地区，乃至欧洲地区实施幕后僭主政治的绊脚石，都被清除了。

第四章

"银行家"的秘密转移
——"阿拉贡王国"的崛起
与"意大利战争"

一、"欧洲金融帝国计划"与"世界金融帝国计划"

图片说明：欧洲古代"威尼斯共和国"的"标志"，约出现在 8 世纪。

"威尼斯共和国"虽然依托欧洲金融资本的强大实力，消灭了庞大的罗马帝国，也在意大利，乃至欧洲逐渐确立了"金融代理人体制"和"银行幕后僭主制度"，但"威尼斯共和国"本身实在太小了！它的全部领土也就几百平方千米，城区只有 7 平方千米（不到 900 米长、900 米宽的地区），后来虽然在佛罗伦萨建立了"美第奇银行体制"，但佛罗伦萨地区的人口到了 1982 年也才 44 万（目前威尼斯地区人口不到 30 万）。在当时，这两个城市的人口（巅峰时期）加在一起也不会超过 50 万（很有可能不到 30 万）。

在金融资本创立金融帝国的初期，这无疑是一个薄弱的环节，欧洲传统贵族势力不过把"威尼斯"地区看成是一片"盐碱地"，这无疑是"威尼斯商人"在强大贵族统治时期成功开辟了"威尼斯共和国"的重要原因之一。

随着金融资本不断的发展，具体时间也就是罗马金融战役之后，金融资本就开始了精心安排的韬晦和转移计划。从此，人们再也无法知道"威尼斯银行家"，也就是操纵"十人议会"的银行家族到底是谁了，最显眼的明星是"威尼斯共和国"和前台经理人"美第奇家族"，他们的力量就足以震撼欧洲了。人们逐渐忘记了"威尼斯银行家族"的存在，而他们的眼光早就不是消灭一个傀儡罗马帝国，甚至不满足于在意大利，乃至欧洲建立幕后"金融僭主制度"——银行家超越时代的眼光已经扩大到了整个世界，他们需要"美第奇银行"实施僭主政治，需要"焦尔焦银行"实施武装金融统治，但却更加渴望控制一个新的全球强权，而不仅仅是主导欧洲腐朽没落的贵族体制，这一点银行家早就做到了。

开始，"威尼斯银行家"出于语言和习惯等因素，首先试图让"美第奇银行"统一意大利，然后以此为建立世界金融强权的基地——一个"世界的威尼斯"，但后来却逐渐转向了"阿拉贡王国"。这里面的原因很复杂，但综合起来大约有这样几个因素。

（一）"威尼斯银行家"在意大利根基深厚，树敌也多，"名声很坏"

银行家在强行铲除法国势力、意大利贵族势力、其他垄断金融势力、罗马金融战役中的"朋友们"（实际还包括对"教廷"施加"强大影响"的过程）中，几乎得罪了"所有人"。他们对意大利和欧洲的金融僭主政治是建立在空前强大的金融强权和幕后"商业情报网"的基础之上，稍有疏忽就会满盘皆输。

事实上，此刻欧洲已经形成了一个反对"威尼斯共和国"幕后金融僭主统治的浪潮，银行家一旦应对有误，身家性命都很难保障。这就是哲学家老子所说的："天下神器，不可为也。为者败之，执者失之。"

"威尼斯银行家"多次制造了意大利半岛上针对法国人的"彻底消灭"，也害怕法国人报复，就让美第奇家族用金币和将家族女子送入法国做"王后"，直接对法国实施金融僭主政治，这被法国人看成是"卡德琳·德·美第奇暴政"，不论是从后果，还是从民族感情来说，这种说法都很贴切。

所以，"威尼斯银行家"实施了长期的韬晦和"金蝉脱壳"，最后权力无限的欧洲金融僭主美第奇家族竟然"绝嗣"了。似乎一直幕后控制着欧洲各国的"威尼斯银行家"凭空消失了，连外围经理人都找不到了。

（二）金融资本对意大利经济的破坏

很多历史学家都只看到了"威尼斯共和国"，乃至后来意大利地区空前的繁荣和富足，认为这是"威尼斯银行家"给这个地区带来的"好处"。但历史和人们开了一个玩笑，金融资本所到之处，固然会迅速繁荣起来，但也必然是垄断最彻底的地区，这种"繁荣"的背后是金融资本盘踞的地区，所有商业、资本都归属银行家族世袭拥有的搜刮过程，也就是一个广大商界、平民、贵族逐渐破产和陷入贫困和债务的过程。一旦金融资本离开，也会带走一切"个人财富"，而仅留下一片废墟。在金融资本不断发展的时期，"威尼斯共和国"和"意大利地区"却陷入了空前的金币流动性过剩和金币债务依赖（指"平民"、商人、工匠、贵族阶层对"威尼斯银行家"的债务依赖，广大的"下层市民"在"一片繁荣"中，却连足够的口粮都得不到）。

这就是为什么意大利地区被称为"文艺复兴的摇篮"，控制着佛罗伦萨的美第奇家族被称为"文艺复兴的教父"，是历史学家公认的繁荣和富裕的地区，但在欧洲工业革命开始后，意大利经济却迅速陷入了经济衰退，直至今天一直被华尔街媒体称为"欧洲的跛脚鸭"。

很多欧洲历史学家认为"意大利"在航海和"文艺复兴"中落后了，这根本就是脱离历史的观点，海军就是金币堆砌。所以，小小的"威尼斯共和国"的海军长期雄霸欧洲，没有对手。

根本在于："威尼斯银行家"并没有凭空消失，而是隐姓埋名（甚至是"诈死"）转移到了其他金融国家，但带去的战争、分裂、金融僭主政治而不仅仅是"繁荣"（实际要复杂得多，这个以后再谈），留下的是一片实体经济的废墟。

二、被金融资本选中的"西西里王国"和"斐迪南二世"

这个历史时期，欧洲腐朽没落的贵族们还沉浸于美酒和战争，而"威尼斯银行家"已经注意到了"大航海时代"即将到来！他们的目光本能地从威尼斯转到了"西西里岛"。这同样是今天意大利的一个地区。

西西里岛（意大利语，Sicilia）是意大利南部的一个岛屿。西西里岛占地 25708 平方千米，人口约为 500 万（1990 年），是地中海最大的岛屿。这无疑比"威尼斯地区"要大得多，也更加符合"大航海时代"的需求（那

时的帆船吃水线很浅，对港口的要求和现在不一样）。

在著名的魔幻小说《魔戒三部曲》（后被拍成电影）中，"中土"的正统帝国叫"阿拉贡王朝"，就是在影射这段历史，其中反面"人物"的"魔王索伦"，也就是那只总在不知名的地方偷偷左右他人的"光芒巨眼"，就是欧洲跨国金融垄断资本的代表，书中还有其他一些暗喻（但是作者托尔金由于一些原因，误读了这段历史——他误以为"阿拉贡"是反对金融资本的国王，这与本书无关，点到为止）。

欧洲历史上的"阿拉贡王朝"仅仅是罗马帝国崩溃以后，（今）西班牙地区的一块很小的"自治区"。在胡安二世时期，他与"威尼斯银行家"的关系是很好的，因为双方的利益一致——都是希望欧洲陷入一个"强国不强，弱国不弱"的割据局面，而且他们也都希望以各自的方式进行"统一"。

胡安二世比欧洲当时一些腐朽的贵族要有远见得多，他看出了"威尼斯银行家"实际已经主导了欧洲的一切事物。由于他就生活在那个历史时期，对于银行家族的力量和演变，有着深刻的体会。单就这一点来说：胡安二世，既是一代英主，又是一个很糊涂的人（或者是"雄心万丈"），他没有认识到欧洲金融资本不是他能斗得过的。

但贪婪从来就是银行家的天然盟友，胡安二世出于"长远打算"，一直与"威尼斯共和国"的"十人议会"等银行家族幕后交好，过从甚密。在意大利地区几乎所有势力都受到了金融资本的沉重打击，"阿拉贡自治区"却从一片"三不管"的地区发展了起来，先后控制了那不勒斯和西西里地区（所以，史称"阿拉贡王朝"）。

他有一个儿子叫斐迪南，从小聪慧能干。大约在 1468 年，16 岁的小儿子就显示出了超人的才干，被他派往西西里地区做"国王"（也许更类似于一个领主，而不是我们中国历史意义中的"国王"，相当于一个小诸侯国，但"没有统一欧洲的周天子"）。

这个 16 岁的少年就是后来震撼欧洲的斐迪南二世［Fernando II el Católico，1452.3.10～1516.1.23。需要说明的是：由于他后来又兼任了那不勒斯国王（1504 年起），故也称"那不勒斯王国"的斐迪南三世］。

事实上，西西里地区一直牢牢控制在"威尼斯银行家"手中，一个 16 岁的少年，到了这样一片土地，等于宣布接受了"金融僭主制度"。银行家们感到很高兴，因为欧洲贵族尽管贪婪，但却一直很高傲，对于"威尼斯银行家"既是蔑视，又是害怕，主动找上门接受"僭主制度"的地方实力

派贵族实在罕见。这是一笔影响了"威尼斯共和国"、"阿拉贡王国"和整个欧洲大陆的政治交易。

不论"斐迪南二世"晚年是否对和银行家联手感到后悔，他的确拯救了"威尼斯银行家"，否则欧洲历史就要改写了。

三、金融资本对"斐迪南二世"的"投资"——"葡西战争"

一个 16 岁的少年身处历史的漩涡中心，不过是在各种政治势力的空白区和"三不管"地带苦苦支撑，四方豪强贵族虎视眈眈，所辖领土复杂，所用人员忠诚度很低（甚至无所谓"忠诚"，随时会为了"佣金"或地位而发生政变，这就是当时欧洲贵族政治的真实写照），为了稳定局面。他的父亲立刻给少年斐迪南安排一门政治婚姻。

图片说明：斐迪南二世，"西班牙阿拉贡王国"帝国（不是现代的西班牙）的建立者。

16 岁少年的未婚妻，就是"卡斯蒂利亚国王"恩里克四世的异母妹妹和继承人伊莎贝拉，1469 年 10 月 19 日，斐迪南与伊莎贝拉在奥卡尼亚结婚。

"威尼斯银行家"此时应该已经有了抛弃"威尼斯共和国"，甚至抛弃意大利的打算，不然他们不会用金币促成了这场政治婚姻，没有金币来维系雇佣军的"忠诚"，这对危机四伏的"国王夫妇"，恐怕也没有太多时间来稳定局面了。这个事件也说明 16 岁的少年很受"威尼斯的银行家"喜爱，双方达成了一种政治默契（这个少年并不那么好控制，银行家们后来才认

识到这一点)。

从欧洲历史来看,"威尼斯共和国"此时已经开始由盛转衰,而实际却是金融资本开始向外转移,但这个目标很难选择,金融资本也犹豫不定。在"威尼斯银行家"内部,也存在"意大利"派和"新帝国"派(也就是后来的"新西班牙"派)。机会偏爱有实力的人,"斐迪南二世"的成功,包括他自己的能力和银行家朋友的鼎力帮助。

"斐迪南二世"的妻子伊莎贝拉开始很可能并不看好这个 17 岁的少年,更重要的是:并不信任他。因为本书是金融战役史,并没有过多涉及欧洲贵族历史上那些比小说精彩十倍的真实历史。贵族间的政治婚姻根本无信誉可言,无爱情可言,背信弃义,相互残杀者比比皆是。但伊莎贝拉在 1474 年继承卡斯蒂利亚王位后,宣布"斐迪南二世"为她的共同在位者(这说明这场政治婚姻起码是成功的,"斐迪南二世"这个人有可以信赖的一面),"威尼斯银行家"慷慨大度地支付了一切花销,这也增加了这场政治联姻的可靠性和价值。

"斐迪南二世"妻子的姐姐,公主胡安娜·拉·贝尔特兰尼哈的丈夫是葡萄牙国王阿方索五世。葡萄牙此时已经很强大了,比所谓的"阿拉贡王朝"要强盛得多。葡萄牙对于这块"小领地"志在必得,也根本没有把"西西里国王"22 岁的"斐迪南二世"看在眼中。因为葡萄牙有自己的舰队和陆军武装,"斐迪南二世"其实依靠的是雇佣军,这种战斗力差距是很大的,更何况还有公主胡安娜协助争夺"家族权力",豪门并不愿意过度介入这种"姐妹之争"(在当时讲求实力的割据时期,这种争斗也许正是实力派想看到的)。

葡萄牙国王阿方索五世本来认为这场战争毫无悬念,所谓的"阿拉贡王朝"也根本没有足够的金币满足雇佣军的胃口,战时的物资消耗也会让年纪轻轻的"斐迪南二世"立刻陷入财政危机,雇佣军哗变只是时间问题(罗马帝国就是这样灭亡的,金币对于欧洲依靠雇佣军的贵族就是权力基础,意大利贵族依靠雇佣军是"威尼斯银行家"蓄意培养出来的一个体制,很久以后意大利才开始建立本国军队,不依赖于外国雇佣军)。

这场战争于 1474 年爆发,打了足足 5 年。葡萄牙国王阿方索五世无论如何也没有想到,小小的"西西里空头国王"竟然拥有几乎无穷无尽的金币,"阿拉贡王朝"不仅没有出现金融危机,而且迅速建立了一支庞大的雇佣军团,装备精良、供给充实、佣金丰厚,竟然和来势汹汹的葡萄牙军队

形成了军事对峙。

葡萄牙开始并不相信"阿拉贡王朝"可以支撑几天，天真地认为"斐迪南二世"已经到了金融危机的边缘，还给他送去了劝降信。但"斐迪南二世"客气地回绝了"劝降"，一边不断加强雇佣军力量，一边用金币的影响力稳住了"西西里地区"（自己的领地）、"阿拉贡地区"（一块不大的发祥地，在今天西班牙东北部）、"那不勒斯地区"（有"一定管辖权"的一块领地）和"卡斯蒂利亚地区"（妻子的领地）的经济，也收买了这些地区的贵族，让他们逐渐倾向于支持"斐迪南二世"夫妇，而不是公主胡安娜夫妇（葡萄牙国王阿方索五世）。

"斐迪南二世"到底动用了多少金币，后人无法得知，但他一边经历着与欧洲强国葡萄牙的战争，一边轻松地安抚了各地贵族、稳定了各地经济，并让这四个地区（甚至一些周边地区）开始服从自己的"调遣"（也就形成了日后西班牙帝国的雏形），无异于完成了一个"不可能完成的任务"。

葡萄牙无论如何也没有想到，战争中被消耗，而出现经济危机的一方，竟然是自己，而不是两手空空的"斐迪南二世"。到了1479年，葡萄牙出现了金融危机，物价飞涨，前线为了应付不断增多的敌军数量，不得不花大钱征用雇佣军来维持"进攻态势"。但这种外强中干的"进攻"，已经让葡萄牙的财政达到了极限，国内金币供给趋于枯竭，大量财富消耗于一场看不到胜利的战争。

葡萄牙国王阿方索五世很可能认为是美第奇银行在背后捣鬼，但却认为"斐迪南二世"一直在战争中保持"战略防御态势"和彬彬有礼的态度是实力不足所致，故把这场战争拖了5年，试图拖垮对手。但葡萄牙上下发现：葡萄牙快被拖垮了（事实上葡萄牙这次元气大伤）。

1479年，葡萄牙国王阿方索五世和（古西班牙，即"阿拉贡王国"，下同）"斐迪南二世"签署了合约，承认了"斐迪南二世"对"阿拉贡王朝"的统治（实际此时已经是一个西班牙帝国的雏形了）。

葡萄牙吃了这么一个亏，却并没有明白就里。其实"斐迪南二世"通过默认"大阿拉贡帝国"（后来强大的西班牙帝国）的"金融僭主政治"，达成了与"威尼斯银行家"的政治契约。

这一历史事件的"积极面"是一个欣欣向荣的"阿拉贡帝国"出现在了欧洲历史中，"消极面"是在欧洲，乃至日后的北美地区延续了"金融僭主体制"，把原本主要存在于意大利地区的这个制度，扩大成为全欧洲的社

会基石。

四、"斐迪南二世"的回报（上）——"第二金融国家·阿拉贡王国"

康布雷联盟普遍被看成是"威尼斯共和国"彻底走向衰落的标志，但这却是"威尼斯银行家"在欧洲历史上书写的绝妙一笔。

（一）"西班牙帝国"的形成

（本书中所指的"西班牙"，均为古"阿拉贡王国"，简称："西班牙"，不是指今天的西班牙）

"西班牙"早就存在，但作为一个统一的强大帝国，则是由"斐迪南二世"一手创立的，也可以说是"威尼斯银行家"用金币铸就的。简单了解一下"斐迪南二世"的"建国史"，就可以粗略了解这段时间欧洲的政治形势与罗马金融战役结束时，已有了很大的不同。按照本书的划分，这些历史事件发生在"文艺复兴"（也就是中世纪）结束前后的一段时间，也就是"威尼斯银行家"完成选择新的国家、转移资本主体过程结束前后的一段时间。

在"葡西战争"之后，一直致力于在"帝国中确定自己的位置"，也就是不断调整与金融资本的距离和关系，直到对方能够接受，而自己又能取得最大利益的时刻。在欧洲大陆实际形成了"西班牙"、法国和其他一些政治势力三足鼎立的现象，英国则逐渐独立了起来，慢慢确立了另一个权力中心（此刻的英国很类似于罗马帝国灭亡前的法国，地缘政治比较优越，这是后来英国被欧洲金融资本看上的原因之一。很显然，英伦三岛比西西里岛要大不少）。

这个时期，最强大的其实是法国，但法国由于被"莫名其妙"地卷入了罗马金融战役，四面树敌、尾大不掉。看似"四面扩张"，实则四方被动，且皇族逐渐被美第奇银行控制，成了一个"半僭主制"的国家。但法国依然不愧是欧洲大陆影响力最大的国家，这个时期欧洲大陆有许多争霸力量，割据势力纷纷登场，但整体来说是"西班牙"和英国联手打击法国。

"斐迪南二世"在 1492 年征服了伊比利亚半岛上的格拉纳达，又将卡斯蒂利亚、阿拉贡和"西班牙地区"许多独立的"领地"以家族联盟的形式联合了起来，组成了一个强大的"西班牙"（虽然直到 18 世纪有许多地

水城的泡沫——威尼斯金融战役史

区还是名义上独立的城邦或"贵族领地"，但由于"西班牙"当时实际实行的是金融僭主制度，所以"西班牙阿拉贡王国"的统一已经完成了，这是人类历史上第二个金融国家）。同年，他宣布"驱逐卡斯蒂利亚和阿拉贡等地区的犹太人"，这根本就是一个不得已的政治策略。这时传统贵族和一些还没有被金融资本主导的欧洲工商业逐渐联合起来，形成了一股"反金融僭主体制"的势力。因势利导，打击了一些合法经营的中小金融资本，进一步巩固了以美第奇银行为代表的遍及"威尼斯共和国"、"意大利地区（中北部和西西里岛）"、西班牙地区的垄断金融资本实施的僭主制度。有一个典型的历史事件，可以说明"斐迪南二世"的真实态度——（同样在1492年）西班牙派出的远征军海军司令官，就是意大利犹太工匠克里斯托弗·哥伦布。

图片说明："西班牙阿拉贡王国"高级海军指挥官，克里斯托弗·哥伦布（意大利文：Cristoforo Colombo，1451～1506）。

哥伦布并不是"探险家"，而是"威尼斯银行家"直接插手"西班牙阿拉贡王国"事务的一个例证。"威尼斯银行家"从1204～1492年，基本完成了从"威尼斯共和国"向西班牙共和国的重心转移（但出于心理惯性，他们彻底抛弃"威尼斯共和国"还要晚得多，在彻底实现了对意大利地区的金融主导之后，才让"威尼斯共和国"并入了意大利）。

在1492年前后，"斐迪南二世"对"西班牙阿拉贡王国"的统治蒸蒸日上，但同时又是脆弱和危机四伏的，因为贵族势力、城邦实力派并不愿接受被削弱的现实，他们的铸币权、军事权都由于"西班牙阿拉贡王国"

的建立而逐渐被取消了。以此同时,"威尼斯银行家"(此时可以看做是以美第奇银行为代表的"意大利银行家",这是一回事,因为"威尼斯共和国"此时已经通过美第奇银行等金融机构实际控制了意大利,不分你我了,只是在"威尼斯共和国"算作是"法统",而在其他地区被欧洲历史学家称作"僭主政治"罢了,也就是"僭越法统的幕后统治")对于新兴的"西班牙阿拉贡王国"的影响力也是脆弱的和不稳定的,这表面来自贵族和城邦势力,实际最危险的敌人是"斐迪南二世",毫无疑问这是一个心照不宣的微妙过程。银行家利用了"斐迪南二世"对贵族指挥官和城邦实力派首领的不信任,大量提供优秀的军事指挥官和海军力量(如同罗马后期,"威尼斯共和国"对罗马帝国一样)。

(二)一个历史小插曲

这里面有个小插曲可以说明"斐迪南二世"对这种赤裸裸的渗透,至少是有所察觉。哥伦布本人是意大利热那亚市犹太工匠家庭出身,但却进入了金币堆砌的军事航海领域,准备大展身手。他找过"斐迪南二世",但却没有得到回音,葡萄牙、英国、法国也都先后回绝了他的"好意"。这个道理很简单:哥伦布依托金融资本的强大资助,"免费"为各国开辟海外领地,这不仅是借助各国"合法的名义",而且是对欧洲各国海军指挥权的渗透,一句话:天下没有白吃的午餐。

哥伦布依本人的地位是无法接触到各国皇族的,也不可能空口白牙地让欧洲贵族任命他为海外远征军司令官,在门第观念盛行的年代,一个工匠家庭出身的人根本无法进入上层社交圈。可哥伦布竟然手眼通天,在1492年"斐迪南二世"宣布"驱逐卡斯蒂利亚犹太人"的时刻,找到了他的妻子(卡斯蒂利亚的女王,也就是"西班牙"的伊莎贝拉一世),成功地得到了"西班牙阿拉贡王国"海军远征军司令官的合法授权,率领一支由尼尼亚号、平塔号和旗舰圣玛利亚号组成的舰队出海了。哥伦布于1492年8月3日于萨尔特斯海滩出发,由于在大海上迷失了方向,在1492年10月12日到达美洲华特林岛,却误以为到了印度,故把美洲人称作"印第安人",后于1493年3月15日回归萨尔特斯海滩。

这个事件说明了金融资本的无孔不入,也说明了"西班牙阿拉贡王国"建国者"斐迪南二世"的复杂处境和矛盾心态。

水城的泡沫——威尼斯金融战役史

（三）家族火并

权力和资本一样都有一个"临界点"，超过以后权力和资本就开始有了活的生命，转而奴役"拥有者"。"斐迪南二世"是"西班牙阿拉贡王国"的开国英主，但一生都与金融僭主和贵族势力进行较量与联合，甚至他的至亲也不例外。就在他的妻子伊莎贝拉任命了哥伦布为"西班牙阿拉贡王国"远征军司令的之后12年时死了（1504年），继承他妻子领地的女儿疯了（史称"疯女胡安娜"）……

就在这12年里，"斐迪南二世"实际上架空了妻子对领地卡斯蒂利亚的主导权，夫妻一直明争暗斗，真正得益的是银行家。伊莎贝拉去世以后，女儿又精神失常了，"斐迪南二世"很高兴，立刻试图正式接管妻子领地。但拥护他妻子的贵族并不喜爱这个野心勃勃的"篡权者"，而集体拥立"疯女胡安娜"的丈夫为"腓力一世"。这样"斐迪南二世"大为恼火，几乎引发了内战。

但金融资本已经看出他不再是那个16岁的"西西里贵族"，而是个冷酷无情的帝王，很不好控制。所以，一方面"积极促成"（也就是逐渐放开了葡萄牙地区的金币、银币信贷，让葡萄牙慢慢走出了通货紧缩带来的"金融危机"，这样葡萄牙就有资本与老对手"斐迪南二世"进行较量了）了。1494年托尔德西利亚斯条约，欧洲以外的世界被"西班牙阿拉贡王国"（历史上却是以"卡斯蒂利亚王国"的名义，由伊莎贝拉单方面签署的，这无疑激化了她与丈夫的矛盾，演变成了"王权之争"）和葡萄牙两国沿一条穿过大西洋的不存在的经线瓜分；另一方面利用伊莎贝拉制约"斐迪南二世"。

但妻子"伊莎贝拉"的死、女儿"胡安娜"的精神失常、贵族对女婿"腓力一世"（奥地利大公腓力）的拥立都没能阻止铁石心肠的"斐迪南二世"——1506年（也就是他刚被推举为"腓力一世"之时），他也突然死了，抛下一个6岁的小儿子[查理，这个"小孩"很不简单，不仅在残酷的宫廷争斗中幸存了下来，还拓展了"神圣罗马帝国"（不是罗马帝国的庞大帝国），史称"查理大帝"或皇帝查理五世，与本书无关，点到为止]。"斐迪南二世"终于如愿以偿，他"合法"地接管了妻子（女儿）的领地，以外公的身份开始了"摄政"，实际终结了"卡斯蒂利亚王朝"，也取得了一个与银行家暗中较量的"战术性胜利"，但代价是如此的惨重。从此以后，"斐迪南二世"一直郁郁寡欢，身体也逐渐衰弱了下去。

金融刺客——金融战役史系列丛书

（四）"斐迪南二世"、妻子伊莎贝拉和金融僭主的不同目的

1."斐迪南二世"：他要的是一个统一的、不容挑战的世俗权力（虽然他本人总"显得"宗教色彩很浓厚、"似乎很虔诚"，但那只是一种权宜之计）。

2."伊莎贝拉"：她竭尽全力，实际在延续父辈传给她的"卡斯蒂利亚王朝"，支持她的地方贵族可能是出于"正统"和"忠诚"，但更多的是在追求割据势力，不被"西班牙阿拉贡王国"兼并。

3."银行家（金融僭主势力）"："威尼斯银行家"在过去的几百年，几乎把欧洲所有的势力都得罪了，伤人太多早就成了众矢之的，不仅"威尼斯共和国"已经变成了一个"不好甩下的包袱"，就连意大利（美第奇银行）也被看做是欧洲最富裕的地区，而随时会招来战争和劫掠。他们苦心支持"伊莎贝拉"仅仅是试图制衡一下野心勃勃的"斐迪南二世"，但"宝"一直压在"斐迪南二世"身上，至少在那个时期，"威尼斯银行家"在欧洲名声很坏，也无处可去了。金融资本所追求的是幕后金融僭主体制的延续。

五、"斐迪南二世"的回报（下）——"康布雷联盟事件"

（一）法国的反击

从罗马金融战役以来（1204 年），法国一直受到"威尼斯银行家"的打击，每一次"联合"都是法国出人出力，银行家受益；每一次"联姻"都增加了法国皇室的内部裂痕，这让法国上下弥漫着一种对"威尼斯银行家"的敌对情绪。随着美第奇银行在意大利僭主化、武装化、领主化，欧洲许多政治势力也开始忧虑银行家的势力尾大不掉，威胁到自己的统治。所以，一场消灭银行家的战争开始酝酿。

欧洲贵族对于银行家一直是敢怒而不敢言，在漫长的金银流动性短缺过程中，"威尼斯银行家"的黄金和白银贷款决定着欧洲各国的兴衰，而这种高利贷又加剧了欧洲的流动性短缺。许多贵族长期以来就有发动一场战争，夺取欧洲黄金和白银主导权的意愿。随着"威尼斯银行家"向意大利，乃至"西班牙阿拉贡王国"的秘密转移，"威尼斯共和国"终于出现了衰落的迹象，法国认为：反击的时候到了。

水城的泡沫——威尼斯金融战役史

（二）第一次较量

法国与"威尼斯银行家"的第一次较量发生在 1493 年。"斐迪南二世"一直被法国看做是"威尼斯共和国"的代言人之一（法国最恨的是意大利的美第奇银行，普遍认为美第奇家族是"威尼斯银行家"的代表，其实也不尽然，但泛泛说起，也不能说这种观点不对，因为美第奇银行的确是"威尼斯银行家"的核心代表），他为了缓解与法国之间的矛盾，与法国国王查理八世签订了《巴塞罗那条约》吞并了鲁西永和塞尔达涅。但这种做法并没有缓解"西班牙阿拉贡王国"和法国之间的矛盾，而是形成了一场决定欧洲历史的代理人战争。

这是一场既微妙，又荒谬的战争。唯一不同于以往的是："威尼斯银行家"第一次身处险境。原因在于，银行家在过去的几百年中所积累的各种矛盾，纷纷在这个特定的历史时期，出现了激化。这也是罗马帝国崩溃后几百年，欧洲各种新兴势力的第一次复杂较量。这场战争矛头直指"威尼斯银行家"，这在欧洲历史上也是罕见的一次。

（三）导火索

1494 年法国国王查理八世趁那不勒斯国王（当时是"西班牙阿拉贡王国"的一部分）领主费迪南一世去世之机，宣布"自己继承其王位"（这就等于同时向"西班牙阿拉贡王国"与"威尼斯银行家"宣战了）。大约在 1494 年 8 月底，法国国王查理八世率领 25000 名士兵，携带火炮 136 门，将战火直接烧入了意大利地区。1495 年 2 月兵不血刃占领那不勒斯，打开了进攻"威尼斯共和国"的大门。

"西班牙阿拉贡王国"的开创者"斐迪南二世"已经任命了那不勒斯地区的国王阿方索二世（"斐迪南二世"的亲侄子）。所以，法国军队的做法等于肢解了新兴的第二金融国家"西班牙阿拉贡王国"。如果法国打胜了这场战争，欧洲的历史肯定要改写了（欧洲有可能从此统一在法国的旗帜下）。

（四）"威尼斯银行家"第一次感到了恐惧

"威尼斯银行家"一直通过美第奇银行对法国皇室施加着巨大的影响力，但法王查理八世抓住了金融资本进行战略转移的历史机遇，在"第一

金融国家"（"威尼斯共和国"）逐渐被抛弃而开始衰落，"第二金融国家"
（"西班牙阿拉贡王国"）还处在"摇篮中"的微妙时刻，用精锐兵团突然
出击，意图一举消灭"威尼斯共和国"。

历史上，银行家们曾经在意大利策动过针对法国人的"清除"（就是看
见法国人就杀，一个不留），他们也能猜到法国军队进入"威尼斯共和国"
后，银行家族也会面临空前的报复，银行家第一次感到害怕了。

就在法国军队攻打那不勒斯地区的时候，成船的银币和成车金币不停
地送往"教廷"、"神圣罗马帝国"（不是罗马帝国）、"西班牙阿拉贡王国"、
葡萄牙，各地银行武装像发疯了一样高价雇佣能够找到了每一个雇佣军，
一时间意大利地区的雇佣军价格上涨了 20～30 倍（原来的雇佣军大多连吃
饭都不能保证，常常是给一个"合法抢劫"的身份，这次不需要抢劫任何
城邦，就发了一笔小财，而且先发金币，后打仗）。

法王查理八世在战略上很有一套，但在军事指挥上有点"手软"，也许
是他顾虑比较多，害怕后勤补给被偷袭，所以进攻"那不勒斯"的战斗打
了将近半年，又进行了过多的休整。他没有看到银行家已经恐惧和虚弱到
了极点，"谨慎地给了对手太多的准备时间"。

1495 年 3 月，也就是法国军队占领"那不勒斯"后一个月（法王查理
八世出征后的第七个月），由"西班牙阿拉贡王国"、一些葡萄牙城邦武装、
"教廷"、"威尼斯共和国"、意大利贵族武装（比如："米兰贵族"、银行武
装等）、"神圣罗马帝国"、各色雇佣军等军队纷纷开到了"那不勒斯"，宣
誓成立了一个反对法国查理八世的"神圣同盟"。从人数上来说，"反法联
军"逐渐达到了法国军队的 3～5 倍，法军为了避免被合围，在对垒了一个
月之后，在 5 月的一个夜晚，偷偷撤出了"那不勒斯"。

表面看起来不过是一次战术撤退，但标志着法国丧失了一次称霸欧洲
的历史机遇，这种战略机遇仅此一次。欧洲金融资本也度过了第一次生存
危机，争取到了最为宝贵的时间。

（五）诡异的突围

法国军队虽然连夜偷偷撤退，但还是被发现，只能且战且退。大约在
1495 年 7 月终于被"威尼斯共和国"指挥下的联军包围在了塔霍河谷。法
军被死死围困了 3 个月，却奇迹般地在 10 月份冲出了重围，摆脱了追击。

关于这次诡异的"突围"，欧洲历史学家的解释是"联军协调不力"，

这个因素应该是存在的，但法军即便是从最薄弱的地方突围，也会引发战斗，这个过程就很容易让对手从容增援，并形成新的合围。在这种情况下，法军的突围一定是不计代价、伤亡惨重的突围，很有可能只有口粮和饲料一直可以得到基本保障的皇帝禁卫军等少数精锐可以保卫着法国国王查理八世顺利突围，余下的兵团即便成功突围，也会遭到重创。但历史却不是这样，法军不仅突围了，而且基本没有受到损伤，就像是没有达到战术目的而顺利撤退一般。这在冷兵器时代是不正常的，很难用"联军联络不力"解释。唯一比较合理的解释是：有一方故意放走了法国军队，但又是谁呢？

猜测一："西班牙阿拉贡王国"的"斐迪南二世"，他和法国一直明争暗斗，争夺的就是欧洲大陆的主导权，但"斐迪南二世"最大的政治对手是"威尼斯银行家"组成的"金融僭主"。他主动联合银行家"放法国一马"的可能性很大。从后来的一些历史事件推测，虽然无法确定谁是始作俑者，但"斐迪南二世"出头联络法国的可能性很大。

猜测二："威尼斯银行家"，当时法国发动这场实际试图消灭银行家的战争，但这恰恰是一个银行家"相对软弱"的历史时刻，也是一个欧洲反银行家舆论如日中天的时刻。欧洲贵族之间虽然矛盾重重，和银行家也都"亲密无间"，但他们都看出美第奇银行实施的金融僭主制度最终的结局——欧洲世袭金融僭主家族的出现。贵族制度将被金融世袭制度取代，这让贵族很恐惧又很无奈，法国如果战败，必然让法国平民和贵族团结起来，掀起一个反对银行家的高潮。银行家在法国皇族、贵族内部的布局很有可能被一次性消灭干净，然后就是一场又一场针对银行家的战争。所以银行家有可能故意"放法军一马"（法国首先提出的可能性很大，欧洲贵族在当时为了达到目的，什么话都可以说，守信被看成是"缺乏政治头脑"）。

总之，法军逃走了。"那不勒斯王国"在1496年重新由"斐迪南二世"的侄子的儿子管理，1498年查理八世，连气带吓，无嗣谢世。

（六）"那不勒斯王国"之争

在当时，欧洲城邦、领地、公国、自治区常常被看成是独立的王国，也都自称国王，甚至皇帝。"西班牙阿拉贡王国"必须削弱这些城邦的权力，所以就导致了一个奇怪的"那不勒斯条约"。这在当时是一个绝密的条约，因为是"西班牙阿拉贡王国"的国王"斐迪南二世"和法国新国王路易十

二签署的一个"肮脏协议"。

1498 年法王路易十二与意大利的米兰公国开战，其目的在于利用"威尼斯共和国"和"米兰公爵"长期存在的矛盾，而各个击破，在意大利地区建立一个稳定的进攻"威尼斯共和国"的桥头堡。

"西班牙阿拉贡王国"开国君主"斐迪南二世"竟然勾结法国军队消灭自己的属国"那不勒斯王国"［路易十二获得坎帕尼亚（包括那不勒斯城本身）和阿布鲁齐，而斐迪南获得普里亚和卡拉布里亚，这里还是他亲侄子的儿子在管理着］。不仅如此，"斐迪南二世"在事后立刻"翻脸"，背弃了与法国的密约，从 1501 年开战，到 1503 年 12 月"西班牙·阿拉贡王国"的军队在名将冈萨罗·费尔南德斯·德·科尔多瓦的指挥下，在加里利亚诺河战役中击败法军，于 1504 年彻底占领了"那不勒斯王国"。

这场肮脏的战争，对于打了败仗的法国，仅仅是一次军事失利。但对于"西班牙阿拉贡王国"则显得特别不可思议了。唯一的理由就是：出于某些无法得知的原因，"斐迪南二世"被银行家耍了。他在贵族和亲属内部名誉扫地，什么也没有得到却在自己领土内打了一场"自己抢自己领土的战争"。

这场战争使"斐迪南二世"很恼火，他或者从银行家那里得到了"某些错误的情报"，或者被某些"优厚条件"所吸引，打了这样一场"莫名其妙的战争"。从"西班牙阿拉贡王国"的"斐迪南二世"和法王"路易十二"能够签署秘密协议这一点来看，当时放法军一马的人就是"斐迪南二世"的可能性很大（甚至可能没有和"威尼斯共和国"达成默契，才有了这场"奇怪的战争"）。无论如何，"斐迪南二世"恨透了银行家。

（七）"威尼斯银行家"的第二次危机——"康布雷联盟"的建立

"威尼斯银行家"翻手为云，覆手为雨，几乎得罪了所有人，甚至包括了"第二金融国家"（"西班牙阿拉贡王国"）的创始人"斐迪南二世"。1508 年"西班牙阿拉贡王国"、法国、"神圣罗马帝国"、"教廷"组织"康布雷联盟"共同进攻"威尼斯共和国"。这次是一个欧洲军事联盟共同对银行家宣战，说明欧洲贵族已经达成了默契。

有关"威尼斯共和国"的幕后操作，历史没有留下任何记载。但由于"法国占领了一些意大利北部城邦"（很显然，这个理由很牵强，因为"康布雷

联盟"的目的就是分享意大利地区，包括"威尼斯共和国"的富裕城邦），反"威尼斯共和国"的欧洲联军瓦解了。但无论如何，历史的转变戏剧大师也无法描写——1511 年"威尼斯共和国"、瑞士、英国、"西班牙阿拉贡王国"、"教廷"又组织了一个反对法国的"神圣同盟"，大败了法国军队。

1515 年法国新国王法兰西斯一世再次进军意大利地区，打败了瑞士，占领米兰地区。"西班牙阿拉贡王国"老皇帝"斐迪南二世"却已油尽灯枯，在 1516 年 1 月 23 日去世（享年 64 岁）。

随着他的去世，银行家苦心建立的"第二金融国家"才迎来了真正的"春天"——"西班牙阿拉贡王国"不可能再出现一个可以和开国英主一样有强大威望的国王可以挑战金融僭主制度，战争的意义也就消失了——1517 年法国、"西班牙阿拉贡王国"、神圣罗马帝国签订《康布雷条约》，米兰归法国，那不勒斯归"西班牙阿拉贡王国"（这个条约对"西班牙阿拉贡王国"很讽刺，法国却得到了一点点"补偿"）。

六、"第一金融国家"与"第二金融国家"

"威尼斯共和国"是"威尼斯商人"建立的欧洲历史上第一个金融帝国，在初期更类似于一个"商业帝国"。而"西班牙阿拉贡王国"（本书"西班牙"所指：均为古代"阿拉贡王朝"，不是现代西班牙）是第一个纯粹的、由"威尼斯银行家"一手建立的"第二金融国家"，并且建立了一套由"议会组织"、"贵族推举国王"在前台表演，而"金融僭主"在幕后操纵一切的政治模式。

这种"僭主模式"不是本书提出的，而是欧洲历史学家总结的一个无奈的"历史现象"，尤其是美第奇银行为代表的是典型的"金融僭主制度"。

但是"第二金融国家"并不成功，对于银行家来说，"西班牙阿拉贡王国"是一个由银行家建立却不听银行家调遣的"叛逆者"，故《魔戒》三部曲中的"中土阿拉贡王朝"是反对"神秘巨眼"统治的正面王朝。

"第二金融国家"一直是一个"不成功的实验品"，部分原因在于"大航海时代的开辟"。银行家一直依靠在欧洲制造金币（包括银币）流动性短缺，制造欧洲长达 1500 多年的"金融危机"，并且以实际取得了欧洲的超级特权，让欧洲各国不得不默认了金融僭主制度。但"大航海时代"的先驱"西班牙阿拉贡王国"输入了大量海外黄金和白银，逐渐摆脱了"金融危机"，传统的金融僭主制度就很难继续维系下去了。

"第一金融国家""威尼斯共和国"的消亡是以 1797 年，法国皇帝拿破仑的战舰开进大运河为标志。

"第二金融国家""西班牙阿拉贡王朝"的消亡是以 1579 年北方 7 省（包括现在荷兰、比利时、卢森堡等地区）成立了乌得勒支联盟为标志（这是在银行家制造的西班牙内战——"八十年战争"中的发生的，同时也是"第三金融国家"荷兰建立的标志）。

在世界金融战役历史中，"第一金融国家"（"威尼斯共和国"，697～1797 年，这个比较特殊，作为"威尼斯商人"的基地，一直延续到 18 世纪末）属于主导整个欧洲的商业帝国；"第二金融国家"（"西班牙阿拉贡王国"，从 1469 年 10 月 19 日，斐迪南与伊莎贝拉在奥卡尼亚政治联姻开始，到 1579 年为止）是一个"不成功的实验品"；"第三金融国家"（"荷兰"，从 1579 年"乌得勒支联盟"成立到英王威廉三世的登基为止）是人类历史上第一个全球性的世界强权；"第四金融国家"［"英国"，从英王威廉三世的登基正式开始，到美国通过《美联储法案（1913 年）》为止］是人类历史上第一个全球性的金融强权；"第五金融国家"（"美国"，从建国至今）是人类历史上第一个进入原始金融主义阶段、债务金融主义阶段的超级金融强权，也是第一个依靠虚拟经济主导实体经济的虚拟经济强权。

五个金融帝国演变的过程，是越来越少的世袭金融家族拥有越来越多实体经济份额的过程，也是古代金融战役世界简史的主体（本书主要记录 1912 年以前，包括个别 1949 年以前的历史，因为 1913 年美联储系统建立到现在的过程在拙作"江晓美.货币长城·金融战役学.北京：中国科学技术出版社.2009"已经有许多记录了）。

七、"西班牙阿拉贡王国"的建立与"威尼斯银行家"的秘密转移

1508 年由（西班牙）斐迪南二世，（法国）路易十二，（"神圣罗马帝国"）马克西米连一世、（"教皇"）尤利乌斯二世结成了反对"威尼斯银行家"的"康布雷联盟"，虽然被"威尼斯共和国"巧妙地瓦解了。但说明欧洲各国对于金融僭主制度的忍耐已经到了极限，并且有能力给"武装银行"以沉重打击（1509 年联军取得了安那迪劳战役的胜利）。

这给银行家们的心理震撼是很大的，他们从此开始了更加隐蔽的策略，让前台的美第奇银行四处活动，真正的"威尼斯银行家族"却从此漫漫地

消失了，甚至实际是欧洲金融僭主的、庞大的美第奇家族竟然也"绝嗣"而神秘地消失了。

"第二金融国家"（西班牙阿拉贡王国）建立的不成功，也导致了"威尼斯银行家族"的分散和隐蔽，"第三金融国家"（荷兰）维持的时间并不长（与"威尼斯共和国"上千年的历史相比），因为荷兰和"威尼斯共和国"有一个共同的特点——领土太小、人口太少。"威尼斯银行家"为代表的欧洲金融资本从此更多的是零散分散在欧洲，直到后来才慢慢集聚到了"英国伦敦城"。

银行家从此改名换姓，以至于人们找不到任何一个"威尼斯银行家族"在现代社会中的踪迹，但他们确实存在，只不过没有沿用古代的姓氏。

八、"康布雷联盟"对欧洲历史的影响

1. 法国丧失了统一欧洲的历史机遇，成了一个受欧洲金融僭主制度影响的欧洲强国。

2. 西班牙在一定程度上摆脱了金融资本的影响，依靠"大航海时代"输入的金银，没有走上"银行家到来，一片繁荣；银行家离开，一片废墟"的老路，并没有随着金融资本的离去而陷入经济衰退和金融危机。

3. 欧洲各地从此确立了不同程度的"金融僭主制度"。

4. 欧洲近代势力初步形成，西班牙、意大利、法国、瑞士、德意志、葡萄牙等欧洲强国相继形成，但也形成了截然不同的、稳定的、纷繁复杂的语言体系和文化体系，让欧洲永远不可能出现真正的文化统一（这实际制造了一个有利于金融僭主制度的矛盾多发地区，所以欧洲也成了两次世界大战的策源地）。

5. 欧洲列强从此不断征伐，让各国后来相继出现的纸币都蒙上了债务的阴影，"威尼斯银行家"成功地以"国际债权人"的友好面目再现在历史中，通过其"发明"的"债务货币制度"和"赤字国债理论"，实际控制了欧洲各国的货币发行权（包括今天的欧元）。

第五章

银行家的失算

——"苦涩胜利"

一、"威尼斯共和国"的另一面

(一)"威尼斯共和国"的"平民阶层"

"威尼斯共和国"由"威尼斯商人"一手开创。没有"威尼斯共和国"的庇护，就没有欧洲跨国金融资本"威尼斯商人"就不会转变为"威尼斯银行家"。 刘晖泽先生引用过这样一句话："曾经有一段时间，所有的威尼斯人都是商人，无论是平民还是贵族。"（张春林.威尼斯贵族共和国.于沛，周荣耀主编.学术论文集，古代中世纪卷.北京：中国社会科学出版社.2004）。

早期的"威尼斯共和国"就是一个"商人城市"，商人构成了"威尼斯公民"的主体。但随着"威尼斯商人"逐渐演变为"威尼斯银行家"，尤其是"十人议会"家族和美第奇银行家族等垄断金融资本的兴起，威尼斯不再是一个"纯粹的商人城市"，仅奴隶就有 3 万人（15 世纪）。

有关"威尼斯共和国"的社会福利的记载，可以说评价很高。刘晖泽先生引用历史文献作出过这样的总结："威尼斯的繁荣富庶引起众多忌妒以及由此所形成的威尼斯人傲然孤立，蔑视一切的性格特征。威尼斯的繁荣富庶，被同时期的萨伯利科这样描写的：这里有古代的圆顶房、尖塔、镶嵌大理石的建筑物正面和集中表现的繁华，最壮丽的装饰并没有妨碍每一块隙地的实际利用。他把我们带到了利亚尔图的圣吉亚科米多教堂前面拥挤着人群的广场上，那里进行着全世界的商业交易，但并不是在喧哗和混乱中，而是在压低噪音的交谈中进行的。在广场四面和四周街道的门廊里边，坐着数以万计的兑换商和金匠，而在他们头上则是一排排一眼望不到边的店铺和批发店。他还描写了在桥另一边的德意志人的货栈：货栈里有他们的货物和他们的住所，前面是他们的并列地停泊在运河里的船舶，再

往上是载满了油、酒的船队。在蜂拥着搬运夫的河岸上边是商人们的圆顶房屋。从利亚尔图到圣马丁广场则有很多的客栈和香料店。最后是威尼斯的公共福利机关及医院的描述。威尼斯的公共事业机关也是同时期其他地方所无法比拟的，每一种公共设施都可在威尼斯找到典范：退休公务人员的年金制，对孤寡的照顾，医院的医疗福利制度等。"（刘晖泽.意大利文艺复兴时期威尼斯的地位.河北：河北理工学院学报·社会科学版.2009，1）。

后人必须清醒地认识到：这种"福利"和"人道"，是在"威尼斯银行家"和银行家雇员阶层，是建立在奴隶制度上的"平民社会"（这和古希腊城邦文明中的"平民阶层"的概念很相似）。

（二）"威尼斯共和国"与"威尼斯商人共和国"的秘密分离

"威尼斯共和国"是"第一金融国家"，它的"建国史"就是一部金融垄断家族的"发家史"、"兼并史"，也是一部"威尼斯商人"、工匠阶层的"破产史"，更是一部"传统奴隶制国家"的历史。

在"威尼斯商人"中，仅有极少数"进化"成了"威尼斯银行家"，大多数成了"雇员阶层"，甚至破产而成了"奴隶阶层"。"威尼斯共和国"初期的社会结构类似于一张平摊的大饼，中期的社会结构则类似于一个"金字塔结构"，并且丧失了欧洲传统贵族推举制度的"优胜劣汰"和"民主制度"，演变成了一种依靠金融资本规模进行资本扩张的世袭金融僭主制度。

欧洲银行家族为了保持"血统的纯洁性"，甚至大量进行内部通婚。"威尼斯银行家"在离开"威尼斯共和国"的、漫长的战略转移期间，销毁（或者带走了？）了所有有关"威尼斯银行家族"的成员名单、财产状况、家族名姓等一切资料，仅由美第奇银行在前台打理一切"欧洲事务"（金融僭主制）。任何"威尼斯银行家"的蛛丝马迹都没有留下，可他们的确一直在幕后主导着欧洲的一切事务，却"凭空消失"了，没有任何踪迹。从此"威尼斯银行家"成了一个"历史概念"。所以只能从后来"出现"的欧洲银行家族的一些情况来粗略了解古老的"欧洲银行家族"的一些"内部规定"。

（三）"国际金融之父"的遗嘱

被誉为"国际金融之父"的"Mayer Amschel Rothschild"［宋鸿兵先生在《货币战争》译为"梅耶·罗思柴尔德"，原名"迈尔·阿姆谢尔·鲍尔（Mayer Amschel Bauer），"曾被译作"迈尔·阿姆谢尔·罗特席尔德"，

此处沿用宋鸿兵先生的译法]于 1812 年去世。他的遗嘱代表了欧洲银行家族的传统观念。

1. 所有的家族银行中的要职必须由家族内部人员担任，绝不用外人。只有男性家族人员能够参与家族商业活动。

2. 家族通婚只能在表亲之间进行，防止财富稀释和外流。

3. 绝对不准对外公布财产情况。

4. 在财产继承上，绝对不准律师介入。

5. 每家的长子作为各家首领，只有家族一致同意，才能另选次子接班。（宋鸿兵. 货币战争. 北京: 中信出版社. 2007）

这是一个典型的、比欧洲皇权继承，更加严格的"血统制度"。早期的"威尼斯共和国"的银行家们由于是历史的局限性，更加"传统"，"保密"也更加严格，以至于人们至今无法了解他们的姓氏和踪迹。

图片说明：纳坦·迈尔·罗特席尔德（德语：Nathan Mayer Rothschild，1777. 9. 16 ［法兰克福］～1836.7.28［伦敦］），这位银行家就是宋鸿兵《货币战争》中所着重描写的，"掌握了英国国债"的银行家"内森·罗思柴尔德"（本书将沿用这个译法），也就是梅耶·罗思柴尔德的儿子。

（四）"金字塔"与"大饼上的一颗樱桃"

"威尼斯银行家"演变成"金融僭主"，这里不谈对欧洲的影响。单就"威尼斯共和国"内部，可以说彻底改变了稳定的"金字塔体制"，而进入

了后期的"樱桃大饼体制"。

这是一个有趣的"相对概念",需要作一点说明。"威尼斯共和国"各阶层的感受不等于"威尼斯共和国"的实际社会结构。除了金融僭主阶层的大多数"威尼斯共和国公民"(包括奴隶、"平民"、商人、富商、银行外围雇员、中小银行家等)分别有自己的"社会阶层定义和心理体验"。如果用:拥有1个金币、10个金币、100个金币……来做划分,"金字塔体制"似乎还是存在的。但如果用"拥有1~1万个金币"("大饼阶层")、"拥有10亿个金币以上"("樱桃阶层")来划分的话,人们会惊讶地发现这两个社会阶层之间没有"稳定的缓冲阶层"(会有一些家族,但都处于激烈的游离状态,极少数"上升",大多数"下降",不是一个相对固定的人群)。

如果进一步观察,就会发现"威尼斯共和国"的后期社会构架如同在一张多层大饼上方,高高地悬挂了一颗美味的樱桃。"大饼阶层"之间的"差距"最多也就是1万倍,而"樱桃阶层":①掌握了90%的金币总量,甚至是99%;②"樱桃阶层"与"大饼阶层"最上一层的"差距",远远大于"大饼最上一层和最下一层"的"差距"。

换句话说:不论从社会结构,还是从财富拥有来看,只要坚持"比例划分"和"财富总量差额划分",就会发现"威尼斯共和国"的社会结构出现了异化,这是一种潜在的"经济危机"和"政治危机"。因为对于"樱桃家族"来说,他们对"威尼斯共和国"的影响力已经到了垄断的地步,无法通过"正当商业"和"垄断优势"进一步积蓄更多的金币。这些银行家族最重要的是把这种"金融资本的垄断优势"扩大到整个欧洲,并且持久地维持下去,金融主题,成了政治主题;世袭金融资本,成了世袭僭主集团。对于"樱桃家族"来说,金币从此变成了权力,而不是财富。

这里最大的问题是:当发展欧洲经济和维持金融权力两个问题同时摆在主导着欧洲的银行家族面前时,他们会毫不犹豫地选择维持金融权力。本来这种垄断金融资本应该在欧洲工业革命以后,逐渐由实体经济拥有者发展而来,但由于欧洲早期的金币(银币)过少,而由商人阶层过早地演变成了一个具有强烈虚拟经济倾向和投机特征的商业垄断金融资本。

这个事物的出现,短期刺激了欧洲的工业革命(因为金融资本可以提供大量资金,又不像封建贵族那样保守)和"大航海时代"的出现(因为欧洲对金融资本人为制造的"金币流动性短缺性金融危机"已经到了不能忍受的地步,必须找到一个新的金银来源,缓解欧洲1000多年的"金融危

84

机"），但从长期看却使欧美经济过早地走入了虚拟经济的时代，仅仅完成早期的工业化，丧失了进一步发展实体经济的潜力和愿望。

（五）"威尼斯商人"的银行家化和"威尼斯共和国"的衰落

"大饼结构"不利于统一的指挥，但却"最公允"，只有大商人和小商人之分，没有金融僭主和"奴隶阶层"之分。"威尼斯共和国"在开始可以说就是"威尼斯商人"的集体化身，在后期"大饼樱桃体制"下，"威尼斯共和国"的公民不再是"受益的主体"，也不是"威尼斯共和国"的"主人"了。不提占据人口很大比例的奴隶阶层，单就"平民阶层"（包括中小商人、工匠和银行雇员等）而言，也不过是在努力维持自己的"社会地位"，不破产成为奴隶已经"很不容易了"。

"威尼斯银行家"不再代表"威尼斯共和国"，两个概念开始分离了。银行家更早地意识到了这一点，开始了秘密地转移，这加剧了"威尼斯共和国"的衰落，但"威尼斯银行家"却从此强大了起来。

所以，"威尼斯共和国"经历的是一种"强大中的衰落"、"有计划的衰落"——金融资本对"威尼斯共和国"经济的负面影响的集中体现。

二、"威尼斯共和国"衰落的重要原因——"银行雇佣军体制"的解体

（一）卡罗·泽诺——雇佣军体制的缩影

欧洲历史学家在划分"威尼斯共和国"兴衰分水岭的时候，作出过这样的评价："公元 1418 年，民族英雄卡罗·泽诺去世，威尼斯盛极而衰。"本书沿用了这种说法，但着实有待商榷（也就是用今天的观点来看，有点不可思议）。

这个人的一生，的确是"威尼斯共和国"雇佣军体制由盛转衰的缩影。"金融国家"有一个特点：军事上依赖于雇佣军（或者可以称为"职业军人"，和现在的职业军人不同，这些人为了佣金，可以随时改变效忠对象，这对"威尼斯银行家"是有利的）。这个雇佣军体制延续了上千年，并行的有"贵族私有军队制度"、"奴隶军队制度"和"国家军队制度"。在卡罗·泽诺时期，传统的雇佣军制度达到了巅峰，他的确是欧洲古代雇佣军时代当之无愧的"英雄"，是雇佣军品质的缩影。

探索他的一生，有利于了解"威尼斯共和国"如何走向衰落，"威尼斯银行家"又如何逐渐丧失了对雇佣军体制的信心。这种信心的丧失让"威尼斯银行家"开始倾向于"奴隶军队制度"，但这个古希腊时代的产物，不适应欧洲的新时代，很快就退出了历史舞台。

这一系列连锁反应的结果是：欧洲金融资本放弃了公开豢养银行武装的时代，转而追求以幕后金融身份实施对欧洲各国"国家军队"的主导。最大的表面变化就是，银行家"消失了"，从此银行家族公开出面统治一个地区、一个"国家"的历史现象再也没有出现。

（二）卡罗·泽诺的一生

1.欧洲历史学家认为卡罗·泽诺是"威尼斯共和国"的民族英雄，这话有点出入。卡罗·泽诺（"Carlo Zeno"，或"Carlo Zen"）是意大利人（1333～1418.3.8）。他出生于意大利东北部的帕巴瓦（Padua，一个城邦），并在那里读书。但实际他可能出生于那附近的地窟，而不是帕巴瓦（因为那时的城邦都很小，但很发达，周围则相当荒凉）。

所以，他不可能是"威尼斯共和国"的"民族英雄"，只能是个服务于金币的雇佣军。

2.他不是一个富家子弟，却染上了打架、喝酒、"追女人"的恶习，最终得罪了很多仇人不说，还欠下了一身的债务。卡罗·泽诺在当地没有了立锥之地，只好随着一个"威尼斯商人"的商队跑到了"威尼斯共和国"，从此参加了雇佣军，服务于"威尼斯共和国"。

所以，他也不是意大利的"英雄"，实际却是"威尼斯共和国"雇佣来意大利城邦武装作战的雇佣军。

3.卡罗·泽诺很适应雇佣军的生活，又善于战斗（他很聪明，而不是勇敢忠诚，这是雇佣军体制没落的原因——"兵油子"太多了），但不久就为了"一些小事"，杀了一个贵族骑士，成了通缉犯。

在雇佣军队伍中，大量充斥着逃犯、"兵油子"，完全依靠军法和佣金来控制，表面的雇佣军战争实际是金融战争，这是"威尼斯银行家"所要的，也是他们逐渐对雇佣军体制丧失了信心的原因——不好控制，随时会出事[曾经一直与"威尼斯共和国"明争暗斗的斯福查·米兰公爵，就是雇佣军的一个小队长。1450年，雇佣兵首领弗兰西斯科·斯福查（1401～1466），夺取权力建立了斯福查家族的统治]。

4. 卡罗•泽诺逃跑了，并且四处"经商"，还结了婚。结果他赶上热那亚（今意大利南部的一个港口城市）争夺"威尼斯共和国"控制的特内多（Tenedos），也就是赶上了一场当时意大利地区很常见的"城邦战争"。也许是钱花完了，也许是厌倦了"商人生活"，总之，卡罗•泽诺第二次加入了雇佣军。

这个事件说明，雇佣军体制的人事混乱和人员构成的复杂性。

5. 经过这次战斗后，他由于有丰富的战斗经验，又成了一个武装小队的领队。"威尼斯共和国"的雇佣军相继撤了回去（因为"敌人"试图袭击"威尼斯市"），别的雇佣军都相继赶去增援，他带着一些人"迟到了"。他很有可能一直潜伏在战场附近，观察动静，然后决定是"离开"，还是"加入战斗"。这对于那个时代的雇佣军特别常见，甚至战场倒戈也屡屡发生。

他自己说是在 1380 年 1 月 1 日才乘船回到"威尼斯共和国"（今意大利的威尼斯市），并且"恰好"赶上热那亚城邦（今意大利南部港口）武装快要"攻破""威尼斯市"，卡罗•泽诺是生力军，突然从背后出现，热那亚城邦武装惊慌失措，又赶上"威尼斯共和国"的军队反攻，一下子打乱了部署，指挥官就投降了（他也是雇佣军，都不卖命）。

卡罗•泽诺一战成名，他从此被"威尼斯银行家"另眼看待，日后逐步高升。这个历史事件不能简单解释为卡罗•泽诺的机遇好，或者"耍滑头"。有什么样的历史，就有什么样的历史人物。在当时雇佣军被当做银行家、贵族相互征伐的炮灰的时代，雇佣军不可能有"骑士般的忠诚"。雇佣军的文化就是尔虞我诈、背信弃义、"比谁聪明（这样才能活下去）"。具有讽刺意味的是，这种雇佣军文化，是"威尼斯银行家"一手建立的，这是银行武装在那个历史时期呼风唤雨，打出了好多"奇怪胜仗"的根本原因。因为那不过是一场又一场金融战役，金币有绝对发言权。

卡罗•泽诺这样的人物，逐渐在"威尼斯共和国"雇佣军体制内地位上升，本身就是雇佣军体制成熟到腐烂的一个重要标志——"威尼斯共和国"的军事衰落已经开始了。

6. 1400 年，卡罗•泽诺被"有幸"成为"威尼斯共和国"的总督候选人，其实就是一个银行家操纵下的前台管理者。但银行家们并没有达成共识，米切利•斯蒂诺（"Michele Steno"）取而代之。这个历史事件不仅标志着卡罗•泽诺开始走下坡路，也是"威尼斯银行家"对雇佣军体制的一次态度上的根本转变（因为这无疑加剧了雇佣军军官对银行家雇主的不满，

但银行家这样做，说明雇佣军的难以管理，已经到了必须削弱雇佣军体制的时候，哪怕这样做会削弱"威尼斯共和国"，银行家们也在所不惜）。

7. 1404 年（仅 4 年以后），卡罗•泽诺在帕多瓦的"城邦战斗"中，有了一次失败。按理说，这不是大事，但却立刻被投入监狱。他几乎花尽了从银行家手中得到的赏赐，才在 1 年后侥幸活着离开了"威尼斯共和国"的监狱。从此，他对雇佣军这个行业心灰意冷，再也没有做过雇佣军。他明智地逃离了"威尼斯共和国"，四处漂泊。最后，身无分文，在 1418 年回到"威尼斯共和国"试图找些"老朋友"寻求点资助，但他"突然暴毙"。

欧洲历史学家可以认为卡罗•泽诺是"病死"的。但他在"威尼斯共和国"的雇佣军中，还是有同情者的。这些"同情者"甚至会包括和卡罗•泽诺争夺银行家恩宠的雇佣军对手，因为谁都知道：卡罗•泽诺，这样一个毕生效力于"银行武装"的雇佣军高级将领，竟然在"自己人"手中九死一生，这无疑会引起雇佣军成员的"兔死狐悲"。即便卡罗•泽诺真死于疾病（这种可能性也很大，他四处漂泊，身无分文，年龄又大了，也有可能是死于疾病），但没有死在战场上，也没有死在监狱中，一个满身伤疤的老战士却死在了对"银行家老朋友"的拜访之后，必然引起雇佣军的怀疑和不满。

卡罗•泽诺去世之前，有好多与他有利益之争的雇佣军成员打击他，"看他的笑话"。但卡罗•泽诺悲惨地去世后，雇佣军团体开始动摇了。他们认识到：这个老人，就是他们的明天（甚至他们中的绝大多数人都达不到卡罗•泽诺曾经达到过的"高度"，银行家对卡罗•泽诺的恩宠和赏赐，曾经令无数雇佣军感到忌妒和不平）。

"威尼斯共和国"在卡罗•泽诺去世后，由盛转衰，这是欧洲历史学家公认的历史，但原因却不是"英雄的逝去"。深层次的原因在于：银行雇佣军体制已经发展成一个成熟的军事体系，雇佣军中的军事贵族开始要求更多的回报，也拥有了更多的威望和实力。银行家族则已经演变为世袭金融僭主家族，他们和雇佣军上层的关系，颇类似于罗马帝国与"军区贵族"之间的微妙关系（罗马皇帝为了限制军事贵族的特权，取消了"军区制度"，也就是取消了给军事贵族的封地，这是罗马帝国灭亡的重要原因之一）。银行家无法接受雇佣军作为一个"平等伙伴"的存在，这个银行雇佣军体制由鼎盛而又走向衰落的时刻，成了一个历史焦点。

银行家表面上把一个效力多年的老雇佣军弄进了监狱，最后又让他凄

惨地死在了威尼斯,但这绝不是一个胜利。这件事彻底动摇了银行家和银行雇佣军之间的传统默契,雇佣军从此再也不信任银行家了。此后,不论是银行家族看出了历史的发展趋势,还是出于无奈,都进行了缓慢的、但却非常彻底的韬晦和转移,这无疑决定了"威尼斯共和国"的最终灭亡。

金融国家的军事支柱就是银行雇佣军体制,这一体制的动摇对银行家来说是灭顶之灾。

8. 针对卡罗·泽诺去世在银行武装中引起的强烈不满,银行家采取了两项措施。

(1) 立刻把卡罗·泽诺捧成了"英雄"(卡罗·泽诺一生为了"威尼斯银行家"和意大利各城邦武装征伐不断,虽然和土耳其打过仗,但他成名和主要的"功勋"是在"威尼斯共和国"与其他意大利城邦的战斗中建立的,也许可以算做是"威尼斯共和国"的"英雄",但银行家又是如何对待他的呢?)。银行家试图以此缓解雇佣军阶层的愤怒和不满,但这种把戏又骗得了谁呢?银行雇佣军中大多是唯利是图,但又讲点"义气"的土匪、逃犯、兵油子、亡命徒,银行家与这些人的矛盾,是后来"威尼斯银行家族"隐姓埋名的原因之一。

(2) "威尼斯银行家"开始了一个短暂且逆潮流而动的"文艺复兴军事变革",就是试图照搬古希腊的奴隶阶层当士兵、"平民阶层"作军官的"古希腊军事制度"(文艺复兴,尤其在"初期"是指"复兴古代的制度和文化")。但这无疑是从封建制度向奴隶制度的一个倒退。"威尼斯共和国"的奴隶在卡罗·泽诺死后的一个时期,达到了 3 万人,然后又迅速地减少了。原因就在于:银行家发现,奴隶士兵的战斗力,即便装备很好,也是很低的,战场哗变一旦发生,无法控制。

一句话:银行雇佣军体制的由盛转衰,标志着"武装银行体制"不再适应历史的发展,而逐渐退出了历史舞台。

三、"银行奴隶军事体制"的"胜利"与"解体"——勒班多海战

(一) 矛盾重重的 1571 年

勒班多海战发生在 1571 年,是"第二金融国家"("西班牙阿拉贡王国")退出历史舞台的前期,也是"第三金融国家"(荷兰)出现的前期(1579 年)。

这个时期"威尼斯共和国"作为"第一金融国家"还没有灭亡，原因是多种多样的，其所面临的矛盾更加复杂尖锐，无法简而化之。

1."威尼斯银行家"在过去的几百年中，取得了辉煌的胜利，打垮和羞辱了一个又一个对手，自己却几乎在欧洲没有立足之地。每一个欧洲国家、每一个独立商人（就是没有被银行控股的独立商业），都痛恨银行家的所作所为。人们已经逐渐发现了"威尼斯银行家"蓄意控制金币（银币）的供给，而人为制造欧洲各国长期的"金融危机"。

银行家也面临危机，是一场信任危机。

2.意大利被称做"文艺复兴"的摇篮，可银行家推动"文艺复兴"的最初目的，恰恰是想用古代的奴隶制和金融僭主制度替代欧洲的封建贵族制度。银行家发觉欧洲人普遍对他们深恶痛绝之后，又180度转弯，开始由银行家的好朋友"托尔斯泰"等人制造了一个"中世纪"的概念。所谓的"中世纪"从经济上来说恰恰就是一场银行家制造的长期的"通货紧缩性金融危机"。备受欧洲学者反对的"宗教裁判所"的幕后推动者正是"威尼斯银行家"。

"文艺复兴"本来是一场银行家导演的、空前肮脏的闹剧。他们试图"复兴古希腊的奴隶制度和文化"，这场美梦被"大航海时代"输入的大量金银所打碎。海外的金银输入，导致了"西班牙阿拉贡王国"不需要听命于金融僭主的指挥了，银行家就在此后颠覆和肢解了"第二金融国家"。但银行家并没有"胜利"，因为除了已经成为众矢之的的"威尼斯共和国"，竟然无处可去了！

3.在欧洲各国奴隶普遍减少的历史阶段，"威尼斯共和国"的确试图打着"古代文化复兴"的幌子，重新建立奴隶制，替代雇佣军制。这个时期很短暂，主要发生在卡罗·泽诺去世到勒班多海战爆发这一段时间。

奴隶制在书中仅仅是一个词汇，但在"实践过程"中却是罪行累累、惨无人道。银行家喜爱奴隶制并不奇怪，但奴役者从来就是坐在"火药桶"上。1569年9月13日，威尼斯军工厂（也称"威尼斯火药厂"）这个当时欧洲数一数二的大军火企业，发生了剧烈爆炸。不仅几乎摧毁了这个银行家的军工企业、损耗了大量弹药，还烧毁了一些军舰（当时的军舰很大，又都是木制的，为了防水，风帆都浸过油，一旦着火很难施救）。

这个事件表面上是一次意外，但也可能是军工厂没白没黑工作的奴隶们有意或者无意之间制造的一起"事故"。

4. 此刻，"威尼斯银行家"感觉到"威尼斯共和国"已经成了靶子，又无处可去，就试图联络曾经结盟的"奥斯曼帝国"（今"土耳其"），试图向东方发展，既能控制东西方贸易（阻止金银流入欧洲），又可能拓展出现的"金融领地"。

此时银行家并不在意表面的"名分"，而是试图推广金融僭主制度。历史上"威尼斯共和国"和"奥斯曼帝国"进行过谈判。1570 年 11 月 8 日，"威尼斯共和国"的秘密谈判代表拉格佐尼，对于"奥斯曼帝国"提出的"称臣"建议并未恼火，而是明显还有点拿不定主意。因为银行家不知道表面"称臣"和建立幕后金融僭主制度的"关联"有多大？

5. 此时的"西班牙阿拉贡王国"由于率先走入了"大航海时代"，取得了大量的黄金和白银，在金融力量上已经基本摆脱了"威尼斯银行家"的主导，成了另一个金融强权，他们也看出了东西方贸易的"通道"——地中海控制权的价值。

表面上，他们似乎和银行家"一致"，但"西班牙阿拉贡王国"一旦控制了地中海，"威尼斯共和国"的价值就不存在了。

6. 包括"西班牙阿拉贡王国"在内的好多欧洲国家，都希望"威尼斯共和国"和"奥斯曼帝国"爆发一场相互消耗的战争，唯恐战争打不起来，但也不想过早卷入。

了解了这些复杂的矛盾，就能够理解"威尼斯银行家"是在一种很矛盾的状态下，被迫卷入了勒班多海战（1571 年）。

（二）催命的"盟友"

大约"威尼斯共和国"的谈判代表拉格佐尼和"奥斯曼帝国"秘密和谈的消息传了出去，"奥斯曼帝国"可能为了增加欧洲各国对"威尼斯共和国"的"恼怒"而泄露这个消息；"威尼斯共和国"也有可能出于试探，而故意散布了这个消息（增加自己的价码）。

无论如何，一直坐山观虎斗的欧洲各国突然热心起来，就在拉格佐尼还没有回到"威尼斯共和国"的时候，一个支持"威尼斯共和国"的"神圣联盟"就奇迹般地出现了，也就促成了历史上著名的勒班多海战（1571年）。可这种"热心"对银行家来说是一杯苦酒，只要看一组数字就能知道"威尼斯共和国"的背后，并没有什么"神圣联盟"，而且还把军事指挥权，临时交给了他人，实在"赚了面子、亏了里子"。

水城的泡沫——威尼斯金融战役史

1."威尼斯共和国""联军"与"奥斯曼帝国"的海战

请看笔者根据各种文献汇总制作的一个"勒班多海战（1571 年）参战军舰统计表"（表 1），就会发现，"勒班多海战"是"威尼斯共和国"和"奥斯曼帝国"进行的海上决战。

表 1 勒班多海战（1571 年）的参战军舰统计表

"联军"	"参战"军舰数量
"威尼斯共和国"	109 艘划桨船（Galley）、6 艘加莱赛战船（Galleasse）、50 余艘"银行武装的战船"
"西班牙阿拉贡王国"	80 艘划桨船（"西班牙阿拉贡王国"是唯一真正出力的，却也是受益最大的一方）
"教廷"	12 艘划桨船（仅是"战场参观团"）
"热那亚共和国"	3 艘划桨船（实际并未直接参战）
"萨伏依公国"	3 艘划桨船（实际并未直接参战）
"马耳他骑士团"	3 艘划桨船（实际并未直接参战）
"奥军"	
"奥斯曼帝国"	阿里·巴夏掌握 222 条划桨船、56 艘快速划桨船（Galliot）、数量不明的小型船只和两支"海上雇佣军"

图片说明：历史上著名的勒班多海战（1571 年），这是一场"威尼斯共和国"与"奥斯曼帝国"争夺地中海制海权，也就是东西方贸易主导权的海战。"威尼斯共和国"吃了一个大亏，打了一次"胜利的败仗"。

金融刺客——金融战役史系列丛书

后来，"奥斯曼帝国"撤退（并没有失败，尤其很快就恢复了，而且很可能是在"威尼斯共和国"的帮助下），"西班牙阿拉贡王国"成了地中海的新贵。这是几年后，银行家发动针对"阿拉贡王国"金融战役的直接导火索。

2. "西班牙阿拉贡王国"国王腓力二世同父异母的弟弟唐·胡安（Don Juan de Austria）作了"联军"总指挥，他是个优秀的军人，也打赢了这场战役，但损失最大的是"威尼斯共和国"的舰队，银行家从来没有吃过这么大的"哑巴亏"（因为"威尼斯共和国"不论是否"臣服""奥斯曼帝国"都可以主导地中海和东西方贸易枢纽，这纯粹是给他人做了嫁衣，还伤了筋骨，加速了"威尼斯共和国"的衰落）。

3. 奴隶军事体制在这场战斗中，被证实是不成功的。奴隶士兵不要说打仗，连划桨都靠"监督者的皮鞭"，刚一开战就出现逃兵和哗变。开始，指挥官唐·胡安试图用严酷的军法予以镇压，但毫无效果。他在未经"威尼斯共和国"银行家族同意的情况下，擅自宣布了两个规定："（1）卸下所有奴隶的手铐和脚镣（这种"奴隶士兵"如何打仗？）；（2）谁敢作战，就可在战后立刻获得自由。"这些战士奋勇向前，比普通的"平民士兵"和"贵族指挥官"勇敢得多，宁可死在战场，也不想去当奴隶，这次"胜利"是对"奴隶军事体制"的最辛辣的嘲讽！（无独有偶，"奥斯曼帝国"的指挥官阿里·巴夏也对奴隶士兵或划桨手许愿："如果我军胜利，自由将属于你们"）。

此后，奴隶军事体制，在欧洲全面瓦解，银行家嘴里的"文艺复兴"也不再强调"全面复兴古希腊制度"了。

4. 火绳枪和火炮成了这次海战的主角，这说明"大航海时代"开始了。开始银行家是非常不适应的，因为这破坏了他们主导欧洲的金融战役的数学模型。但很快，他们就依托强大的金融实力，接连建立起三个空前强大的海上帝国。

5. 勒班多海战之前，东西方贸易主要由"奥斯曼帝国"和"威尼斯共和国"共享，此后他们都走向衰落。

6. 勒班多海战被看成是"胜利"，关键是精神层面（因为以前欧洲国家普遍认为"奥斯曼帝国"不可挑战，这是一个转折点）。但实际上，"威尼斯共和国"根本就不想打这场仗。银行家经过"胜利"后，清醒地认识到：如果这种"胜利"持续下去，"威尼斯共和国"灭亡在即（"盟友"会在彻底打败"奥斯曼帝国"后，立刻进攻"威尼斯共和国"）。这就导致了一系列穿梭外交，银行家首先求助了法国。法王查理九世正想插手此事，秘密

水城的泡沫——威尼斯金融战役史

在"西班牙阿拉贡王国"所属的日德兰地区制造叛乱，并且在 1572 年的冬天，派阿奎斯主教（The bishop of Acqs）秘密到"奥斯曼帝国"，做"威尼斯共和国"的说客（和谈中间人），这一切都是秘密的。1573 年 3 月 7 日，"威尼斯共和国"重新与"奥斯曼帝国"签订了"友好条约"（他们以前就是"盟国"，目的就是共同垄断经过地中海的东西方贸易）。

这是一个秘密的协议，"盟军"知道后，气得立刻扯下了"盟军旗帜"（他们生气是因为气恼银行家为什么"突然明白"了，可这次银行家"明白"得太晚了）。

图片说明：这种"火绳枪"很落后，其实就是中国传统的火枪。但战术应用已经很先进了，大量士兵一次近距离齐射，杀伤力很大。

7. 就在勒班多海战刚刚结束后不久，"奥斯曼帝国"的军舰就迅速得到了恢复，并且数量比原来还要多。当时，"奥斯曼帝国"的丞相索库鲁在与"威尼斯共和国"的密使交谈中说："我们损失舰队只是被刮去胡子，但对方的失败是砍掉右手。"这话对"奥斯曼帝国"来说，有点吹嘘（但不全是），对于精明的"威尼斯银行家"来说，则是"颇为苦涩"。

这里有一个历史疑案："奥斯斯曼帝国"很有可能接受了大笔"威尼斯共和国"的秘密资金援助，否则不可能立刻站住脚跟，重建舰队（仅经过冬天的建设，规模比原来还要大），而且双方也不可能迅速签署"合约"（如果"奥斯曼帝国"战争潜力如此巨大，那么"合约"的价码也不会太低）。

（三）"勒班多海战"对欧洲金融资本的巨大影响

1. "威尼斯银行家"从此彻底放弃了苦心建立的"第二金融国家"——"西班牙阿拉贡王国"，转而去分裂和打击它，这又导致了"第三金融国家"

（荷兰）的建立和"第一金融国家"（"威尼斯共和国"）的延续。

2. "威尼斯银行家"对"大航海时代"的态度从抵触向积极参与转变，这是近代欧洲金融资本得以兴旺发达的重要战略转折之一。

3. "威尼斯银行家"倡导的"文艺复兴"的概念出现了本质的变化：从强调"恢复古希腊（或者'古罗马'）"，到开始转向"向前走"。

4. "得道多助，失道寡助。"欧洲各国，尤其是"西班牙阿拉贡王国"如此对待"威尼斯共和国"绝非偶然。1568 年，银行家们与阿拉贡王国的统治者矛盾空前尖锐，这个问题的本质是阿拉贡王国的统治者不接受银行家族的金融僭主地位，至少不接受自己的傀儡地位。银行家开始用资金支持阿拉贡王国的北部七省，引发了一场史称"八十年战争"的动荡。这导致"第二金融国家"（"西班牙阿拉贡王国"）与金融僭主制度彻底决裂（从而损失了这几个地区）。对于"威尼斯银行家"来说，这让他们日渐孤立，树敌更多，最后在欧洲大陆无法存身，只能转移到了英伦三岛（实际银行家在重心正式转移到英国之前，"做了许多事"，名声早就不好了，这就是后来他们转移到美国的原因之一）。

5. "威尼斯共和国"物质上的损失可以承受，但精神上的压力骤增。他们不仅丧失了"威尼斯海军"战无不胜的"地位"，还看到了欧洲各国对于"威尼斯共和国"的态度是：置之死地而后快。这导致了"威尼斯银行家"从此开始了人类历史上最诡异的秘密转移、最彻底的档案销毁、最成功的隐姓埋名。此后，"威尼斯银行家族"慢慢从人们的视线中消失了，人们再也找不到任何"威尼斯银行家族"的曾经存在过的书面证据，仅可找到美第奇银行、焦尔焦银行等外围代理人机构的情况。控制着"威尼斯共和国"超过 1000 年的银行家族，成了一个历史词汇，甚至很多人不知道叱咤风云的"威尼斯银行家"的存在。

（四）一个插曲

西班牙著名文学作品《堂吉诃德》的作者米格尔·德·塞万提斯也参与了这场战斗，且失去了左手，后被绑架（约 5 年后被赎出），家财散尽，一生潦倒，但却留下了不朽的篇章。

第六章
"威尼斯共和国"的余晖和灭亡

一、不同凡响的"威尼斯共和国"

（一）罗马帝国"奇怪的消费习惯"与欧洲金融资本的形成

古代欧洲，由于罗马帝国对非洲和亚洲的扩张，客观形成了丰富和繁忙的贸易体系，罗马军事贵族（就是有军功的罗马军人）和各国皇族都形成了使用亚洲货物为荣的消费习惯。中国的胡椒、肉桂、丁香、蔗糖、丝绸、瓷器、手工艺品、茶叶……印度地区的粮食、宝石等，都是罗马帝国上层的必需品。

古代欧洲贵族形成这种消费习惯，有着深刻和复杂的历史背景。

1. 复杂的连锁效应

欧洲大陆早期金矿、银矿很少，偏偏又特别喜爱使用黄金和白银。在电视剧中，描写中国古代生活的场面，常常出现一个吃完饭的客人，拿出几两银子付账的场景。这都是艺术创作（来于生活、高于生活）。中国古代经济的发展远远高于欧洲的原因之一就是中国一直使用比较容易获得的铜币作为交易货币[中国的铜矿不多，但古时出产的铜大多不用于工业（手工业），仅仅用于铸造货币，那就比金银充沛多了。中国历史文献中有许多用银两和黄金定价的记录，但不论是交易还是国家税收，实际通用的货币是铜钱和"一贯钱"，不同时期的金银比价不同，但交易的主体即便是金银，"内容"依然是铜币]，且铸币权大多时期都掌握在国家手中，大商家无法通过囤积铜币来制造全国范围的"金融危机"，进而把资本权变成可以挑战世俗政权的金融权力。

当然，这和农业文化中"兴农抑商"的传统有关，但无论如何的确避免了欧洲从古罗马时期（约公元前8世纪开始）到1492年（"大航海时代"开始）结束这段历史时期，欧洲金融资本蓄意制造的金币（包括银币）流动性短缺导致的漫长的、持久的、"金融危机"（特征表现为：①流动性枯

竭；②经济危机、政治危机频繁爆发；③雇佣军体制的普遍化成了"金融危机"的放大器；④欧洲各国经济持续萧条，并逐渐高利贷化），也没有导致垄断金融资本的出现。

欧洲贵族喜爱使用黄金和白银，这就让金银成了通用的交易媒介（中国古代的白银和黄金起到的是"大面值货币"、"支票"或各级"热钱储备"的作用，民间零售业和国家税收都依靠铜币），实际民间（城邦外的零售业）只能长期依靠"货易货"或记账的交易模式。前者限制了经济的发展，后者又客观催生了低水平的金融资本。

欧洲贵族喜爱使用金银和金银的相对匮乏，让垄断黄金和白银成了可能，并且金银拥有者的权力很大，实际影响了欧洲帝国的兴衰，欧洲各国却一直没有认识到这一点。古罗马就是在这种遍及古代欧洲各个交易环节和社会层面的"记账、借贷"文化中慢慢发展起来的，经济的发展主要依靠征伐和领土扩张[但却不去建设，因为没有建设资金，只能随着金币流动而繁荣，金币离开而衰败，很类似于游牧民族，欧洲著名学者马基雅维利（1469～1527）曾经把这归罪于封建贵族的管理水平，是片面的和有失公允的，因为他所记述的意大利地区恰恰就是银行家的"地盘"]，这深刻地影响了欧洲的文化，却也只是短暂削弱了金币被大商业家族垄断的趋势（仅仅是比例上的影响），金银在一个新的总量上又稳定下来的时候，经过一段时间，又被大商人垄断了。

这种金银畸形的垄断，又导致欧洲贵族对金银的信赖，这也是控制着商业的大商人家族故意制造出来的一种"非金银不交易"的心理定势和游戏规则。各种渴望权力的贵族和平民也都开始拼命储备金币和银币。巴尔扎克笔下的吝啬鬼"葛朗台"（《人间喜剧》中的《欧也尼·葛朗台》）太具有喜剧色彩了，空前成功的艺术描写，让人们忽略了大师对欧洲社会真正的思索。"葛朗台"普遍被看做一个没见过世面的吝啬鬼、土财主。实际上，"葛朗台"在政治领域：不仅做过区长、议员，还得过勋章；在商业领域是个银行家和金融投机商；在工业领域是一个厂长；在农业领域又是一个农场主。这是一个对政治、经济、金融有着深刻洞察力的老人，他对于金币的热爱是病态的，但根源在于他是欧洲金融资本的化身或者他是一个认识到了欧洲金融僭主制度的客观存在的"小人物"，"葛朗台"对于金币的病态眷恋是对权力的痴迷和对失去权力的恐惧。

在这种金币主导了一切的特殊欧洲历史条件下，金币的储藏成了一种

"精明人中秘密的生活法则"，这又加剧了古代欧洲黄金和白银的短缺，而金银的短缺又增加了金银的购买力和存储价值，这就形成了针对欧洲经济的恶性循环和古代欧洲各国对金银执著地使用，黄金和白银的货币地位坚不可摧。（中国古代也出现过令人震惊的黄金和白银的私人窖藏，但由于流通、纳税的主体是铜钱，所以这些金银不过是铜钱的表示，而不是相反）。欧洲古代的经济也就长期陷入了天然和人为的金币流动性短缺，古代欧洲对金银的渴望曾经导致历史上中亚地区放弃金银的使用，转而使用铜币（因为金银流动性都枯竭了）。

这种病态的金融模式，又依靠拥有金币的高利贷商业资本进行推动，无疑扼杀了古代欧洲的经济发展，导致古代欧洲远远落后于亚洲（在希腊时期，欧洲文明曾经逐渐一度赶上了亚洲文明的发展水平，后来出现了"罗马帝国"扩张导致的所谓的"大繁荣"和经过金币凝结后的"经济危机"，直接导致了古代罗马帝国分裂成东罗马和西罗马）。这种经济上的客观差距，导致了古代欧洲贵族特别喜爱亚洲商品，除了控制着贸易的大商人阶层可以借机凝结更多的金币资本外，又客观加剧了古代欧洲的经济危机，也就逐渐拉开了欧洲和亚洲原本就存在的经济鸿沟。

2. 商业资本的诱导和群羊效应

古代欧洲在金银短缺下出现的借贷文化，催生了一个畸形的金融资本"早产儿"，他们控制了交易媒介，也就无形中控制了交易本身（因为离开交易媒介就无法交易，金融资本的雏形"商业资本"转移到哪里，哪里就成了天然和必然的"贸易中心"，这不以人的意志为转移）。他们又界定了金银作为"唯一交易媒介"的市场规则，人为地制造、加深着"金融危机"，进而扩大自己的金币特权。古代欧洲的人们就被诱导着进入了一个竞相拥有金币、竞相排斥金银以外交易媒介、竞相储备金银（如果可能）的"万羊奔腾"的状态，而"牧羊人"就是古代欧洲的金银匠、大商人。

古代欧洲本来存在的金银短缺，最终演变成了持续千年的"金币金融战役"，罪魁祸首并不是金银的短缺（因为本可以用铜币来替代，这本身就是一个交易符号），而是欧洲商业资本（后来的金融资本）有意制造出来的一段以资本兼并为目的的金融战役史。

漫长的金银极度匮乏导致了欧洲各阶层依赖于借贷（欧洲后来的限制借贷的法令，就是大金融资本消灭小金融资本的一个骗局，那段时期是真正的高利贷时期，借贷以"服务费"、"风险金"的模式出现），这又增加了

金银凝结的速度和古代欧洲流动性、紧缩性"金融危机"的程度，这极大地打击了欧洲农业经济的发展。

欧洲著名学者马基雅维利被称为"文艺复兴时代的一位巨人"（美第奇银行的金融僭主统治让欧洲各国深恶痛绝，因为他是美第奇银行树立的"文艺复兴大师"之一，故被称为"马基雅维利主义"。当时是法国反对美第奇银行对法国的金融僭主统治而杜撰的一个反对幕后金融僭主制度的负面词汇，后来干脆成了尔虞我诈、背信弃义的同义词），他在《佛罗伦萨史》中对欧洲，尤其是对金融资本泛滥的"当时欧洲最繁荣的"意大利地区广泛存在的田地荒芜、人口流失的记录是触目惊心的。"一些地方没有人居住的仍然没有人住，而人口繁殖太快的地方又无法减少。因此，在全世界特别是在意大利，和古代比较起来，有许多地方已经荒芜。究其原因，完全是由于帝王已无心于真正光辉的事业，疏忽大意；共和国也漫不经心，失去值得称赞的好制度。在古代，由于殖民制度的运用，经常有新城市出现……"（[意]马基雅维利著，刘将译.佛罗伦萨史.北京：中国社会出版社.1999）这段描述反映了三个问题。

图片说明：尼可罗·马基雅维利（Niccolò Machiavelli，1469.5.23～1527.6.22）是意大利的政治哲学家、音乐家、诗人和浪漫喜剧剧作家。是意大利文艺复兴中的重要人物。"威尼斯银行家"在佛罗伦萨的经理人家族美第奇银行家族的朱理·美第奇一直以他为智囊。1523年朱理·美第奇当选教皇（克莱芒七世），重用马基雅维利，让他编写《佛罗伦萨史》，赏赐120金币，并任命他为城防委员会秘书，掌管军队，成了一名高级军事将领。

水城的泡沫——威尼斯金融战役史

（1）被学者马基雅维利所推崇的"殖民策略"很显然并不在意领土，因为土地已经大量荒芜了。他所谓的"殖民"其实是他直观的发现了古罗马历史上军事扩张时期（带来了大量金银，一度极大地缓解了欧洲的"金融危机"，让金融资本制造的金币控制体系短时期失效了，但借贷机制没有变化，故仅仅出现了金币输入后长短不等的"繁荣"，然后"扩张停止"，金币凝结比例又恢复到了原来的水平，"金融危机"又出现了）欧洲经济的繁荣和发展，却没有认识到核心问题却是金银输入缓解了流动性、紧缩性经济危机。不能简单地把这看成是"殖民主义者的宣言"，但却客观催生了潜在的殖民主义渴望，但这仅仅是一个历史的错位（他本人也许是故意"装作不懂"，因为他就是"威尼斯银行家"的吹鼓手之一）。

（2）金融资本对欧洲经济的摧残，到了所谓的"文艺复兴时期"达到了高潮，出现了"古代欧洲"都不存在的大量田地荒芜和城市发展停滞的现象，是后来"大航海时代"开始才慢慢带来了大量的金银，终止了这个所谓的"文艺复兴时期"（其实就是所谓的"中世纪"）的经济发展停滞。这就是金融资本对欧洲经济的巨大危害，认识这一点，有利于认识金融战役史的实质。

（3）在学者马基雅维利的时代，"威尼斯共和国"所在的意大利地区普遍被看做是欧洲最富饶的地区，也被称为"文艺复兴的摇篮"。可在历史上，这却是一片土地荒芜、人们流离失所、城市化发展停滞的景象。这种矛盾的历史评述都是真实的，这就是以"威尼斯银行家"为代表的欧洲金融资本对欧洲经济的钳制和危害，其本质是一种金融战役，目的在于扩大金融特权和扩大兼并。换句话说欧洲跨国垄断金融资本带来的"繁荣"，是有针对性的，也是有实效性的。对于大多数人来说，其到来和存在都是一场灾难（因为这种所谓的"繁荣"，才导致银行家族更大程度的资本兼并，遏制了经济发展的长期活力，如果不是工业革命和"海外领地时代"的到来，欧洲经济会继续停滞几百年，直到"外来流动性"的全面介入）。

在古代欧洲金融资本空前发展的条件下，欧洲长期陷入"经济危机"，粮食、手工艺品、丝绸和棉麻等各色商品的供给，尤其是高档品必须大量依赖于进口。

这是欧洲古代贵族喜爱亚洲货物的一个原因。

3. "商人家族的利益大于一切"

欧洲古代商业资本和金融资本是一个概念，欧洲经济的萎缩和供给不

足，却是一个必须持续保持的"敛财机制"。金币的垄断导致了贸易的垄断，外贸"中介费用"规模的扩大依靠人为发动的金融战役得以延续，不论这些商人是什么国籍，他们都丝毫不在意"所在国"的长远利益。一句话：商人没有祖国。直到鸦片战争前，中国一直对欧洲保持了大量的贸易顺差，而欧洲除了鸦片和军火竟然没有可以用于贸易的实体商品。

在欧洲历史上，使用进口货物的习惯不是偶然的，是欧洲金融资本故意制造的历史现象，并非欧洲人民不能生产高品质的商品，也不是欧洲土地不肥沃。

（二）"古代欧洲的大萧条"与"威尼斯共和国"的空前繁荣

"威尼斯共和国"的繁荣一直依靠"贸易"和"流动资金的借贷"，一片原本被看做是"盐碱地"的地区，凭空出现了一个"威尼斯共和国"。欧洲各国空有良港，却不得不绕路千里，依靠"威尼斯共和国"进行贸易和"服务"，这是"威尼斯共和国"空前繁荣和强大的基石。但这种"繁荣"并不是依靠"贸易"，而是来自金融垄断带来的"垄断税"。古代欧洲持续千年的"大萧条"，却让"威尼斯共和国"的建国者"威尼斯商人"大发横财，少数家族发展成了"威尼斯银行家"。

社会的"萧条"就和银行家的"繁荣"畸形地演变成了同一个事物，这就是金融战役的"妙处"。

（三）伟大的金融国家

人们可以从道德上谴责"威尼斯银行家"的所作所为，但"威尼斯共和国"是一个伟大的"金融国度"，前无古人，后无来者。

1. "威尼斯共和国"是一个直接由资本建立，不假手任何势力，在一片荒芜之地，凭空创造的繁荣国度。这个"第一金融国家"领土不过几百平方千米，城市实际大小仅 7 平方千米。却在欧洲历史上起着主导作用，并不为后人知晓。单就这一点来说，欧洲帝王没有人可以和至今不知姓名的"威尼斯银行家"相比（一度在欧洲实现了公开的幕后金融僭主制度的美第奇银行家族，一跺脚整个欧洲都发抖的银行家族，仅仅是一个或几个"威尼斯银行家族"在佛罗伦萨的代理人家族）。

2. "威尼斯共和国"经历了一个完整的由资本建立，因资本发展，被资本灭亡的全过程，并完成了"威尼斯商人"向"威尼斯银行家"的过渡。

这种情况绝无仅有，不可能被再现。

3. 在"威尼斯共和国"时期，公开的银行武装（其本身就是一个割据一方的"股份制武装金融垄断企业"）、"公司国家"、"幕后金融僭主制度"，这三者同时出现，空前集中地展现了金融资本的强大力量。后期由于"威尼斯银行家族"的韬晦，人们再也没有直接看到银行控制武装，又用武装控制一个国家或地区的特殊现象（个别现象是有的，但持久和全面的现象再也没有出现过，幕后金融僭主制度的完善削弱了银行武装的意义）。从法律角度来说，直到1913年美国联邦储备银行通过《美联储法案》控制了美国财政部，进而主导了"美国财政部特勤局（1901年成立）"，并由这支武装负责美国总统（包括总统候选人）和家属等高级人员的"终身24小时警卫"，才又一次出现了公开的银行武装。

二、"威尼斯共和国"的灭亡者拿破仑与"威尼斯银行家"

（一）"银行家内战"的产物——科西嘉岛

前面专门介绍过"威尼斯共和国"的老雇佣军卡罗·泽诺的生平。他被说成是"英雄"。他主要赖以成名的战斗发生在古代"威尼斯共和国"与"热那亚共和国"之间的"热那亚战争"中，这是目前意大利的两个地区，所以这种"战争"，也是"城邦战争"。

"热那亚战争"的本质是"威尼斯银行家"之间的"内战"，所以打了很长时间。"威尼斯商人"马可·波罗就在参与"热那亚共和国"的战争中被俘（1298年）。卡罗·泽诺成名之战则是在1380年1月1日"热那亚银行家族"与"威尼斯银行家族"争夺潟湖主导权的战争中他击退了"热那亚银行家族"的进攻（在"威尼斯共和国"后，"威尼斯商人家族"之间发生了激烈的兼并之战，"热那亚银行家族"就是在这种背景下产生的，双方所谓的"战争"是在争夺"威尼斯共和国"的主导权，其本质是武装银行时代，金融资本之间的兼并战争）。

这是因为"热那亚银行家"与"威尼斯银行家"其实是一回事，故实力强大，掌握了"威尼斯共和国"正统的银行家族一直无法消灭"热那亚银行家族"，甚至差点被消灭（这就和"威尼斯共和国"在历史中的空前强大显得很不相称，这个矛盾现象的原因就在于此）。

控制着"威尼斯共和国"的"正统银行家族"就想了一条妙计——"驱

虎吞狼"。当时法国一直试图参与利润丰厚的地中海贸易（地中海周围是亚非欧三大陆），"威尼斯共和国" 则一直对其法国进行制约（包括：打压、诱骗、渗透等，无所不用其极）。"威尼斯共和国" 就找到法国，诱使法国去拥有 "地中海四大岛屿" 之一——科西嘉岛（1768 年以前，一直控制在 "热那亚共和国" 手中）。这并不是什么 "好心"，而是想挑起 "非主流银行家族" 和法国之间的战争，历史正是如此。

"热那亚银行家族" 并不好惹，法国直到 1768 年才正式把科西嘉半岛并入了法国版图（但至今还有一些 "不稳定因素" 的存在）。科西嘉岛有点特殊，当地有独立的语言文化，当时的语言是科西嘉语。

法国在正式拥有科西嘉岛之前，已经在科西嘉岛拥有了实际主导权。但有反抗法国的科西嘉地方武装在与法国作战，这些武装的背后却是 "威尼斯银行家" 和 "热那亚银行家"，"正统" 银行家族需要的是这场代理人战争本身，而不是 "结果"。

（后来的）法国皇帝拿破仑的父母就是科西嘉反法地方武装的重要成员（拿破仑的家族，被称做 "波拿巴家族"，与 "威尼斯银行家" 颇有渊源。拿破仑的父母是银行武装的核心成员，并不是 "偶然事件"）。

（二）拿破仑·波拿巴

拿破仑·波拿巴 1769 年出生在科西嘉岛的阿雅克肖城。拿破仑的父亲给他取名 "拿破仑"，意大利语的意思是 "荒野雄狮"。

拿破仑小的时候，父母都是反抗法国统治的科西嘉 "地方武装" 的重要成员，他是第二个儿子，年龄幼小离不开父母，只能随着父母亲躲避在茂密潮湿的丛林里经历游击战争的磨砺。幼年时的营养不良导致拿破仑身材矮小，这一直是拿破仑的一大憾事。潮湿闷热的丛林生活还让拿破仑腹部染上了终身没有治愈的皮癣，这不时折磨着他，他常下意识地将手置放于衣服内抓痒，甚至在公开场合。

法国 1767 年 5 月 15 日从 "热那亚共和国" 手里 "买下了" 科西嘉岛（因为此时欧洲贸易的重点已经逐渐转移到了大西洋沿岸，地中海贸易的中心地位不复存在了）法国为了平息科西嘉岛的反抗，和拿破仑的父母谈妥了两个 "安抚条件"。

1. 法国国王承认拿破仑的父亲为法国贵族（这个事件说明：拿破仑的父亲是银行家族在科西嘉岛的重要成员之一，否则法国皇帝是不会这么 "大

水城的泡沫——威尼斯金融战役史

方"的)。

2.拿破仑（当年仅9岁）被保送到法国布里埃纳军校接受教育（1784年，以优异成绩毕业后，被选送到巴黎军官学校。拿破仑16岁时父亲去世，他中途辍学并被授予炮兵少尉军衔）。

图片说明：拿破仑·波拿巴（Napoléon Bonaparte，1769.8.15～1821.5.5），即拿破仑一世（Napoléon Ier），出生于科西嘉岛，法国军事家与政治家，法兰西第一共和国第一执政（1799～1804年），法兰西第一帝国（1804～1814年）、百日王朝的皇帝（1815年）。

（三）拿破仑与银行家的密约

拿破仑在历史上被看做是法国大商业资本和大银行家的代言人，这是没有疑问的。欧洲所谓的"宪政派"背后就是欧洲金融资本，所谓的"保皇派"就是欧洲传统贵族势力。由"威尼斯银行家"，尤其是美第奇银行家族（所谓的"文艺复兴之父"）一直通过收买和"捧红"一些"大师"和"学术泰斗"，凭空制造出了相互对立的"文艺复兴"和"黑暗的中世纪"。所谓的"文艺复兴"，不过是"大航海时代"欧洲各国逐渐摆脱银行家控制经

济开始大发展的工业化前期。但"文艺复兴"运动却是由"威尼斯银行家"一手策划、精心导演的。其核心目的就是在欧洲普及金融僭主制度（替代早期引起强烈反弹的"武装银行体制"），继续在幕后进行统治。

"文艺复兴"的功劳不但不能记在美第奇银行家族身上，反而是篡夺了"大航海时代"的果实，让欧洲从传统的贵族推举制度，倒退回了银行家族的世袭金融僭主制度。随之而来的工业革命又让欧洲经济出现了迅猛的发展，这"一进一退"不仅缔造了一个矛盾重重的世界，也留下了许多美丽而又真实的历史故事。

人们无法得知拿破仑是什么时候被银行家选中的，但应该是和拿破仑的父亲的银行背景有很大关联。有种观点认为拿破仑"卢梭的思想对他的影响非常大，让他成了一个议会体制的支持者"，这不仅仅是歪曲历史，更是否定历史。拿破仑是一个地地道道的野心家，他对于帝制充满了狂热并且特别的执著——在他第二次称帝（也就是著名的"百日王朝"之后）经历了滑铁卢战役的惨败后，他依然传位于儿子（这在当时没有太大的实际意义）。

拿破仑应该是在法国大革命之前与"威尼斯银行家"达成了默契，银行家对他寄予厚望，甚至把"威尼斯共和国"作为礼物送给了他，不过拿破仑却不领情。拿破仑和"威尼斯银行家"有联合也有矛盾。

1. "威尼斯银行家"试图统一欧洲，并复制一个"十人议会"机构（参议院）、"六十人议会"机构（相当于"众议院"）、"威尼斯总督"（相当于"总统"），用幕后金融僭主制度来主导整个欧洲。一个控制了欧洲财权的世袭银行家族僭主可以轻易地控制依靠捐款竞选的"短期管理者"（早期有的只有 2 个月，后来到了 2 年、3 年等，根本就是一场连基本政务都无法熟悉的傀儡闹剧）。

2. 拿破仑则看出了"威尼斯银行家"对法国皇室、政府、军队的渗透，他试图利用这一点，发展自己的势力和威望，然后称帝。他也想统一欧洲，但那将是一个世袭的拿破仑王朝，又可能是一个听金融僭主摆布的短期傀儡。因为拿破仑一直面对巨大的军事压力，他的野心又太大，步子迈得太快，否则局势一旦稳定后，他第一个要消灭的欧洲势力，可能就是银行僭主家族。

（四）拿破仑奇异的"连升三级"

1789 年，法国大革命爆发（"威尼斯银行家"一直是强大的幕后支持者）。拿破仑此时跑回科西嘉岛策动科西嘉岛归附法国新政府。当时科西嘉岛有"保皇派"和"独立派"两种势力，拿破仑等人带来了所谓的"第三种选择"。无论是"保皇派"还是"独立派"都很反感。当地首领巴斯夸·帕欧里把拿破仑的武装（和全家）赶出了科西嘉岛（此时拿破仑凭借这次冒险，自封为一个武装派别的"中校"，这个官阶不能说多么有价值，但却让拿破仑日后有了很高的"起点"。如果没有银行家的帮助，拿破仑这次失败应该受到处罚，而不是提升）。

1793 年 12 月，拿破仑（24 岁）守卫土伦岸炮炮台，意外击败试图"偷袭"法国"援助法国波旁王朝"的英国舰队（其实英国军舰感觉被发现了，就跑了，顶多是个忠于职守，但不算太大的军功，因为这顶多是英国的骚扰和试探，不具有太大的军事意义）。但拿破仑竟然被任命为准将（比上校高，比少将低的一级）。

1795 年巴黎督政官巴拉斯命令他平定保皇党人组织的"武装叛乱"，他轻而易举地完成了任务，立刻升任为陆军中将、巴黎卫戍司令（这是一次用滑膛枪和 40 门重炮打死 14000 名巴黎手无寸铁的市民的"军功"，大多数人是巴黎的工人阶层，不能说里面没有保皇党人在"推波助澜"，但从哪个角度来说，这都不是战争。拿破仑在信中曾经得意地说："他们打死了我们 30 个人，另有 60 个人受伤……"很显然，这不值得炫耀）。

上述三个历史事件说明了很多问题：

1. 拿破仑敢于冒险、为人勤谨、有优秀的军事才干，但这种三级跳式的提升并不正常。

2. 有一股强大的势力在保护、提拔拿破仑。拿破仑经历大革命的各个阶段，但屡屡受到提升和复出，又没有太大的军功竟然升任陆军中将，这不符合那个特定的历史年代官员兴衰的规律（那时"一朝天子一朝臣"，几乎每天都在杀"前朝"官员，且政变频繁，一个没有多大军功的年轻军官想同时得到各个派别的信任，是不可能的）。没有根基、没有太大军功、也没明确的恩人，他的提拔太快了（拿破仑有天才的军事才干，但这个时期没有展示出来）。

艾伦·肖姆写下过这样一段话："事实上，拿破仑是罗伯斯庇尔倒台后

遭到逮捕的74名军官之一。后来，**由于无法解释的原因**，最初要求逮捕拿破仑的萨利切蒂，也许是经过他的好友约瑟夫·波拿巴的调解，不但撤回了所有针对拿破仑的**不实指控**，而且推荐他做解放科西嘉岛的远征军统领！不管怎样，英国人控制着地中海，法国想从海上增援是不可能的，而拿破仑则想离开这个地狱般的地方——如果不能离开法国的话。于是1795年5月，他东山再起，又以旅长身份在西路军指挥炮兵部队了！"（[美]艾伦·肖姆著，贺天同译.拿破仑大传.上海：上海社会科学院出版社.2005）。

（五）银行家最后的礼物

拿破仑军事天才第一次得以展现就是在"意大利金融战役"。"尽管恢复军内的原职并获得新的任命，使他如释重负；但拿破仑对卷入法国内战并无兴趣，因为西路军的使命是消灭法国保皇党以及一切敢于反叛法国政府的人。于是他和朱诺、军校同学马尔蒙以及他的弟弟路易一起动身去巴黎。一路上拿破仑尽可能地拖延，直到月底才到。此时发生了另一场革命（20日），雅各宾余党的暴动致使拿破仑有影响的朋友都逃离了首都。虽然拿破仑逃过了再次遭到囚禁的厄运，新政府竭尽全力激怒他，撤销了他在炮兵部队的一切职务，将他调到步兵旅，作为对他的羞辱……起初拿破仑很生气，然后他要求休假以便'恢复健康'，与朱诺和马尔蒙一起闲居于巴黎拉丁区一家偏僻的旅馆。拿破仑甚至想到过在奥斯曼帝国军中申请一个职务。然而，过了不久，他就在巴黎找到了一件差使，在救国委员会地形测绘局任职。同时，他向政府提交了一份进攻意大利的计划。他们对这个计划发生了兴趣。"（[美]艾伦·肖姆著，贺天同译.拿破仑大传.上海：上海社会科学院出版社.2005）

很显然，1795年的拿破仑仅仅是一个法国国家测绘局的公务人员，他这个攻打意大利的计划是否正确无法得知，但他后来似乎对意大利地区各武装力量的防御了如指掌，轻易地打赢了"意大利战役"。

人们都知道拿破仑是"法国人、法国国王"，但拿破仑的父母是意大利人银行武装的重要成员，拿破仑本人还是正式的"意大利国王"（他的法语在法国军校学习的，此前他一直说科西嘉语）。

这个"天才的军事计划"可能是拿破仑制定的，但那些意大利的各城邦守军的最新军事秘密，又是谁最了解呢？不可能是被打压在家的拿破仑，而是"威尼斯银行家"。

水城的泡沫——威尼斯**金融**战役史

（六）"威尼斯共和国"被银行家抛弃

1. 存在不等于合理

世界金融战役简史的第一部分，从"威尼斯共和国"开始，绝非偶然。翻开欧洲历史书籍，人们会发现"威尼斯共和国"（包括后来逐渐主导了意大利地区，乃至全欧洲的美第奇僭主制度）被描述成为"最富有"、"最繁荣"、"最强大"的古代城邦国度。这里就提出了一个严肃的问题：金融资本是否真的给威尼斯和意大利地区带来繁荣呢？

在一个物质世界，如果一股经济力量真的给某一个地区的大多数人带来了财富和繁荣，那么就有一定合理之处。可古代欧洲的跨国垄断金融资本即便对于"威尼斯共和国"也是弊大于利。"威尼斯银行家"打着"文艺复兴"旗号试图在"威尼斯共和国"恢复逐渐消亡的奴隶制度，美第奇银行家族的金融僭主制度让意大利地区土地荒芜、战乱不止、经济发展停止。所谓的"富裕"仅仅是"威尼斯银行家族"相对于欧洲贵族的金币垄断和贸易垄断制造的一个假象，在"繁荣的海市蜃楼"背后是一片真实的荒漠。

站在宏观和历史的角度来说，欧洲经济长期束缚于"威尼斯银行家"制造的流动性短缺性金融危机桎梏。单纯从"威尼斯共和国"等意大利地区的经济来说，银行家族的离开模式足以警讯千年，为后来者戒。

2. 银行家没有祖国

（1）骗局对骗局

拿破仑弄了一个进攻意大利的计划，法国政府其实并不相信这个计划能够成功。此时，法国财政濒于崩溃，内乱不断，政变是家常便饭，军队内部四分五裂、派系林立、相互倾轧，实际处于"保皇派"和"宪政派"的小规模内战当中，社会经济凋敝，人民生活食不果腹。在这种条件下，怎么会有足够的力量和精力出兵意大利地区呢？

在意大利保持一个法国军团是一回事，打垮意大利地区强大的城邦武装和"神圣罗马帝国"（有一部分领土是今天的奥地利）和西班牙在意大利地区的军队则完全是另外一回事。

法国政府经过仔细盘算，同意了拿破仑的计划。他们明显认为这是一个骗局（事实这种看法也没有错），但假装不懂军事，任命拿破仑做意大利方面军的总指挥。这是一个什么样的总指挥呢？拿破仑既没有法国政府的信任，也没有得到一分钱的资助，并且没有士兵，没有后勤，也没有作战

108

计划。

当时的法国政府是用一个骗局回应"骗局":如果拿破仑死在意大利或者被俘、投降、流亡、逃走,诸如此类,对法国政府没有任何损失;如果拿破仑奇迹般地占领了意大利(包括"威尼斯共和国"),这又何乐而不为呢?事实上,没有士兵、没有钱、没有物资地去进攻强大的敌人,根本就没法取胜。这不需要军事天赋就能够理解。这个事件说明,法国政府中的某些人对拿破仑的复杂背景已经有了警觉,至少想把他驱逐出法国(甚至是借刀杀人)。

(2)诡异的战争——"银行家自己打自己"

拿破仑要"出征"意大利,可根本没有军队,也没有任何军饷、军装、枪支、物资供给,没有一粒粮食(包括他本人)。但拿破仑信心十足,不仅迎娶了背景复杂且比他大 6 岁的贵族寡妇约瑟菲娜·德博阿尔内(法文:Joséphine de Beauharnais,1763.6.23～1814.5.29),且就在新婚(1796.3.6)后的 3 天内,用大量金币招收了大量无业人员、逃犯、流氓和恶棍。然后在 1796 年 3 月 9 日,"出征"了!

这笔金币竟然来自此时已经"重新被威尼斯银行家主流兼并"的"热那亚共和国",也就是"威尼斯银行家族"出钱资助拿破仑进攻"威尼斯共和国!"

(3)"不是军队的军队"

拿破仑这次"远征"就像儿戏一样,有的历史学家认为是他的军事天才起了决定性的作用。拿破仑虽然是个军事天才,但一直被称做"政治将军",他所擅长的恰恰是"资金筹集"和"宣传",他打过的败仗很多,不提导致他两次被"流放"(其实是战败被捕)的败仗,拿破仑在"出兵"意大利之后,就经历了一系列惨败(曾勉强逃回了法国)。

"取得意大利之役的胜利后,拿破仑的威信越来越高,他成为法国人的新英雄。而他的崛起令法国督政府感到受威胁,因此任命他为法国远征军司令,派往东方以抑制英国的扩张。在拿破仑的远征军中,除了 2000门大炮外,还带了 175 名各行业的学者以及成百箱的书籍和研究设备。在远征中拿破仑曾下达过一条著名的指令:'让驴子和学者走在队伍中间。'然而 1798 年的'远征'本身是一大失败。拿破仑的舰队被英国海军上将纳尔逊完全摧毁,部队被困在埃及。1799 年回国时,400 艘的军舰只剩下 2艘,"远征"印度的计划也没有实现,人员损失惨重。1799 年 8 月,拿破

水城的泡沫——威尼斯金融战役史

仑仅带亲随返回了巴黎。"（[德]艾米尔·路得维希，梅沱等译.拿破仑传.广州：花城出版社.1999；[法]布里昂，郁飞译.拿破仑传.天津：天津人民出版社.1996）。

　　这次战斗拿破仑的军事天才没有丝毫的展现，庞大的舰队所剩无几——这就是人们常说的"全军覆没"。只要对比一下拿破仑一生打的"败仗"和"胜仗"就会发现，他几乎在"军事天才"和"军事庸才"两个极端之间摇摆，凡是符合银行家利益且欧洲金融资本可以施加影响力的战争，他都取得了奇迹般的胜利，凡是不符合银行家利益或欧洲金融资本鞭长莫及的战斗，他大多打了败仗。

　　有的历史学家说拿破仑"军事天赋超过政治天赋"，但拿破仑偏偏被叫做"政治将军"，也就是说拿破仑确有军事天赋，但成功与失败的关键却是"政治问题"。这个所谓的"政治问题"就是顺应"威尼斯银行家"（尤其是美第奇银行家族）推动的复制"威尼斯共和国"的"十人议会"、"总督制度"和"幕后金融僭主制度"为内容的"宪政潮流"，他就打胜仗，反之他就打败仗。他称帝的思想，银行家早有察觉，一直是支持的。拿破仑曾经说过："我儿子应该做一个宪政皇帝。"当拿破仑完成了银行家赋予的剿灭欧洲"保皇势力"（欧洲传统贵族势力）的任务后，拿破仑的"军事天才"和"政治天赋"同时消失了，后被人用砒霜毒死在圣赫勒拿岛上（1821年）。

　　1796年3月拿破仑从法国出发时大约临时招募了几千人，号称"3万大军"，这些人大多连鞋都没有，就不要提军装了。武器是各自携带的武器，军官就是有枪有人的，有小火炮的"小头领"。当时法国在意大利有军队，但根本不接受拿破仑的节制，甚至一度还要派克勒曼将军来和他"联合指挥"，实际就是剥夺他的指挥权。

　　这时，土匪、地方武装、有武器的逃犯，都是最受欢迎的。因为他们自备武器，又有战斗经验。这样一只光着脚、衣不遮体的"军队"朝着意大利的方向就走。拿破仑公开鼓动大家去抢劫意大利的城邦，形形色色的"武装人员"加入了这个队伍。很多士兵由于没有钱买吃的就饿死了（艾伦·肖姆先生引用过一名叫做多米尼克·让·拉雷的医生给拿破仑的信件："在累欧本签订初步条款时，我们的医院仍然塞满了25000名伤病员……大部分的疾病均是由恶劣的卫生状况、受到污染和不够的食物、肮脏的扎营地和周围烟瘴的沼泽地所引起的。如果不将这些伤兵塞进简陋的小屋，他们不得不躺在潮湿的地上而没有床垫、没有被盖，甚至连基本的护理条

件也没有。我们眼巴巴地看着伤员活活饿死。在巴左拉一名医院的工人拿出自己的四个法郎买来一点食品,只为救活几个即将饿死的伤员。"),有的就抢,在法国境内还有所约束,到了意大利地区后,抢劫就公开化了。这种抢劫不是以是否支持拿破仑,是否协助拿破仑军队来"区分",而是"见谁抢谁"。由于这支所谓的"军队"很多人连鞋都没有,所以是"有什么抢什么"。这种做法就导致了三个问题:

①从战术的角度来看,拿破仑的军队"越打越多"(法国意大利军团实际听命于拿破仑,加入了这场"盛宴",此时拿破仑手下大约有5万"军队"了),看似乌合之众,却"特别有求战意愿",这是拿破仑最终取得"意大利战役"胜利的原因之一。

②从历史的角度来看,法国从此丧失了对欧洲的主导权和潜在的(可能的)领导地位,不仅四面树敌,而且法国开始走下坡路,再也没有得到恢复。

③拿破仑本人从一个中性的军事主官,转变成了一个强有力的军阀,直接威胁了法国的五人督政府的统治地位。

(4)饥饿和抢劫

这个时候,资助拿破仑的"威尼斯银行家族"早就消失了,他们从此消失,历史上在再也找不到任何记录。同期突然兴起的罗思柴尔德银行家族(本意是"红盾"),却无法证明是"威尼斯银行家"的延续。唯一可以肯定的是在"威尼斯银行家"资助拿破仑消灭"威尼斯共和国"的战斗发生前后,他们一直在主导着欧洲,并且成功地消失在了历史中,如空气一样,仅留下一丝丝淡淡奇香,但那朵诡异的金融资本之花却凭空"消失"了。

拿破仑军队的"无差别"的抢劫,导致老百姓四处逃亡,惨不可言。抢劫给拿破仑和部下留下了无数的财富,他们都一夜暴富。但战争中最主要的是粮食(当时拿破仑依靠人多、刀剑和部分"胜利果实"解决了弹药和后勤补给),这个问题严重到了有大批伤兵饿死的地步(就是无法四处去抢了)。腰揣大量金币的"新军事贵族"却饿着肚子,有的甚至饿死。

此时拿破仑的军队已无"军纪问题",抢劫仅仅是最轻微的犯罪,这给法国带来了严重的政治后果。但拿破仑无论如何也无法抢劫到足够的粮食,而且也需要补充弹药和"真正的士兵"(因为此时流行瘟疫,拿破仑军队减员很厉害)。他就把一部分金币送回了法国。法国此时金融已经陷入了崩溃,突然得到了大量的金币,让"五人督政府"和议员们几乎乐昏了头!这不

仅是一个中饱私囊的好机会，而且从根本上缓解了法国经历的金融危机，这让拿破仑在法国工商业和平民眼中成了"英雄"。当时法国的"五人督政府"竟然给拿破仑派去了3万真正的法国士兵，并且同时送去了大量的粮食。

（七）荒诞的战争

拿破仑发动的"意大利战役"的法军伤亡主要是"征服城邦"（实际城邦开始是欢迎法军的，后来拿破仑放任士兵抢劫，就开始打仗，规模不大，但伤亡不小，且持续不断）、"瘟疫"造成的。当时主要的敌人是"神圣罗马帝国"（奥地利公国统领下的一些德意志城邦武装）和"西班牙"（西班牙对于这场"奇怪战争"是比较清楚的，并没有认真介入）。

唯一的"战争"发生在"奥地利公国"和"法国"之间。"奥地利公国"军队好像是"瘟疫"策源地，损失特别厉害，故"奥地利公国"和拿破仑（注意不是法国，是拿破仑自作主张代表法国签署的条约）在1797年10月17日签署了坎波福米奥合约。这个条约的实质就是"法国"和"奥地利公国"瓜分"威尼斯共和国"的领土（"神圣罗马帝国"正式割让"比利时"和"荷兰"以及莱茵河左岸，换取了大半个"威尼斯共和国"。表面上"奥地利公国"吃了点亏，但"威尼斯共和国"在地中海的位置很重要，而且"割让"的领土并不稳定，实际控制程度很低，不能说"奥地利公国"吃了多大的亏）。

此后法国"五人督政府"看出了拿破仑"尾大不掉"了，就把他调去"远征"了。

（八）"金融国家"的灾难——被劫掠一空的"威尼斯共和国"

银行家的老巢"威尼斯共和国"、"热那亚共和国"等城邦，被拿破仑洗劫一空。银行家离开后，这些城邦还有一些"公共财物"，基本上都毁于这次战火。"威尼斯共和国"在发动罗马金融战役的时候，抢回了4匹青铜马，都被运回了法国（1797年，拿破仑把这些青铜马匹带到了巴黎，1815年又归还给威尼斯。不过圣马可教堂外面的是复制品，真品由博物馆收藏）。

整个"威尼斯共和国"基本被反复"洗劫"过好多次，从此一蹶不振，在欧洲政治舞台上销声匿迹了。这并不是坏事，威尼斯市目前是一个平静的美丽小城，没有了"威尼斯银行家"的僭主制度和奴隶制，人们生活平静祥和，再也没有卷入漩涡，这是真正的幸福。

三、银行家、1848 年欧洲革命浪潮与"威尼斯共和国的短暂复国"

(一)"银行家"与"贵族"的最后一战

1848 年,金融资本在欧洲鼓动了一场针对贵族势力的总决战。他们利用了各国人民对金融贵族的深恶痛绝(所谓"金融贵族"就是和银行家联合,出卖国家利益换取个人利益的贵族代理人),展开了彻底摧毁"君主制"的浪潮,法国、德意志、意大利(包括"威尼斯"地区)、奥地利、匈牙利都爆发了革命。推翻腐朽没落的君主制度并没有错,但银行家族和银行背景的政客却纷纷登场,篡夺了法国大革命的果实。

1. 罗思柴尔德等银行家族在欧洲呼风唤雨,主导着欧洲的金融命脉。银行家背景的政客,甚至银行家族的成员直接在欧洲各国政府出任要职的现象,是一种历史的倒退(因为这是一种世袭的家族特权)。

2. 有银行背景的英国犹太人本杰明·迪斯特里直接出任首相和"财政大臣"(他的"名言":"没有永远的朋友,只有永恒的利益。")。

3. 银行家族中的保罗家族则逐渐控制了德国的情报系统。

事实情况还要复杂得多,欧洲金融贵族这个时期也开始了向俄罗斯转移,一些进步的人士也积极投身革命事业。苏联早期的"契卡"(后改名"国家安全委员会")的创始人捷尔任斯基就出身欧洲犹太贵族家庭。

图片说明:费利克斯·埃德蒙多维奇·捷尔任斯基(俄文:Феликс Эдм

ундович Дзержинский，1877.9.11～1926.7.26)，肃清反革命及怠工非常委员会（1917.12.20，常被简称为"契卡"）的创始人。

（二）"威尼斯共和国"的"复国"

1848 年 8 月 11 日"威尼斯共和国"再次被"呼唤了出来"，这是银行家最后一次利用"威尼斯共和国"，但很快被奥地利征服。从此"威尼斯共和国"只存在于史书当中了。

（三）意大利的"统一之创"——"朱塞佩·加里波第"给"威尼斯共和国"画上了句号

1．"朱塞佩·加里波第"建立了意大利

"威尼斯银行家"成功发动罗马金融战役以后的几百年，通过美第奇银行，实际逐渐控制了整个意大利地区。但拿破仑后来试图依靠法国势力建立一个"非宪政体制"的世袭君主制欧洲，这就形成了对欧洲世袭金融僭主制度的皇权挑战，拿破仑轻易地被银行家消灭了。但法国的势力也就需要被清除了（早期银行家试图依靠拿破仑建立一个金融僭主制度下的"统一的欧洲"，但情况有变化，计划也就有了调整）。

这个时候，突然冒出了一个背景复杂的"朱塞佩·加里波第"，意大利实际是他一手统一的，之后却悄然离去，再也没有出现在历史舞台上，这段诡异历史的导演，除了银行家族，无人有此实力和"雅趣"。

2．"朱塞佩·加里波第"

"朱塞佩·加里波第"1807 年生于法国尼斯的贸易世家，专门从事海上贸易，1832 年他取得了商船舰长的证书。可他生性喜爱冒险和狩猎，就参加了雇佣军。他似乎是一个"典型的革命者"，却一生为"宪政体制"征战，是一个很难用几句话评价的复杂人物。

（1）意大利人把他看成是民族英雄，但他却是法国人。雨果说："我不想出口伤人，但我要说句真话，所有为法国而战斗过的将军中，只有加里波第一人是战无不胜的。"可"朱塞佩·加里波第"彻底清除了法国在意大利的势力，不能简单地说他是一个"为法国战斗的将军"。

（2）如果把"朱塞佩·加里波第"看成是一个"资产阶级革命家"，他在实际统一了意大利之后，并没有着手建立一个"宪政国家"，而是扶持了萨丁尼亚国王维托里奥·伊曼纽二世为意大利国王，然后发出了著名的

一字电报："Obbedisco（我服从）"，然后就"归隐"了，一直务农为生，直到去世。

图片说明：朱塞佩·加里波第（意大利语：Giuseppe Garibaldi，1807.7.4～1882.6.2）是意大利建国三杰之一（另两位是萨丁尼亚王国的首相加富尔和创立青年意大利党的马志尼），被称为意大利统一的宝剑。由于他在南美洲及欧洲军事冒险的贡献，他也赢得了"两个世界的英雄"的美称。

（3）欧洲历史学家普遍认为"朱塞佩·加里波第"是一个伟大的军事家，意大利人民尊称他为"游击战之父"。可"朱塞佩·加里波第"最大的特点却是号召力和朴实无华的人格魅力，更类似于一个政治家。

（4）有人说"朱塞佩·加里波第"的战斗目的是为了"统一"，他却在巴西、巴拉圭等地参加了一系列"独立战争"和代表意大利的"城邦战争"。

后人很难简单评价这样一个有着复杂人格和鲜明个性的优秀历史人物。整体来说："朱塞佩·加里波第"是一个极有个性的浪漫主义革命者、军事家、政治家，他身上传统的骑士精神、忠君思想、扶弱济贫的品质大于革命者的品质，是欧洲早期不成熟的"革命时期"的优秀代表。

他的一生可以这样概括：早期参加革命统一意大利，然后流亡巴西、巴拉圭，参加那里的各种战斗。然后回大意大利再次组织革命，又被迫二次流亡。最后回到意大利排除了一切困难，在"朋友出卖"、"君主掣肘"、"敌人痛恨"三方重压之下，没有任何外援，依靠个人威望统一了意大利，然后放下一切官位和权势，飘然离去（晚年甚至贫寒到了出卖勋章的地步，

才接受了政府的生活援助，去世前曾为"仇人"的遗孀募集生活费，其实是出面保护）。

在那个人欲横流、尔虞我诈的时代，"朱塞佩·加里波第"的所作所为，不能说绝无仅有，但他给这段充斥着诡计、陷害、冷酷、背叛、出卖的"威尼斯共和国"金融战役简史留下了一丝温暖和阳光。

"朱塞佩·加里波第"不仅是一个复杂的历史人物，也是一系列复杂幕后事件的见证人。他去世的时候，带走了许多秘密，留下了一段谜一样的空白。

"朱塞佩·加里波第"被自己人打伤过，失败也大多是来自"朋友"而不是敌人，他从不计个人恩怨和名利，有着一颗悲天悯人的灵魂。这对于一个戎马一生的将军，难能可贵。他统一了意大利，导致了1866年威尼斯并入意大利共和国，无意之间彻底终结了人类历史上第一个"金融国家"——"威尼斯共和国"。

第七章

威尼斯泡沫（上）

——"硬实力"的彻底失败

一、"武装银行"的历史意义

"威尼斯共和国"对于研究世界金融战役史的价值，非常重大，原因有三。

1. "威尼斯共和国"是人类历史上第一个由商业资本（后演化为金融资本）建立的国度，是欧洲历史上独一无二的"公司国家"。由于其建立时间很早（697 年），灭亡又很晚（1797 年），所以银行家得到了一个充分表演的舞台。一切他们可以想到的金融战策略和主导手段都得到了充分的实践，一切可以实现兼并、促进兼并的诡计、阴谋也都得以完美施行。虽然后来"威尼斯银行家"进行了空前严密的韬晦，用极端的诈死、全体消失的手段，试图抹去这一段历史。但只要"威尼斯共和国"的历史还在，古代欧洲金融资本的所作所为就必然暴露出来。远比后期欧美银行家族更容易研究。

2. 由于特殊的历史条件，"威尼斯银行家"没有任何的顾忌。他们近乎公开地收买贵族、扶植政治代理人、豢养"学术大师"、创立了幕后金融僭主政治与前台"议会总督（相当于今天的总统）制"相结合的世袭主导体制，甚至直接组建武装和金融情报组织（这导致了一个长期后果：欧美的金融界和情报界其实是一回事、一拨人）。

这些事情最值得称道的部分，就是有案可查，历史铁证如山。但反观近代欧美金融战役史的研究，却很难直接找到银行家族对欧美施加影响力的蛛丝马迹。因为此时，欧美的所有出版公司、媒体、高等教育和研究机构都是银行家族在交叉控股，金融资本的信息本来就是秘密，蛛丝马迹又被"银行家族的媒体帝国"所"忽略"。可以在浩如烟海的信息中研究少得可怜的资料，必须是受过良好教育，有大量资金支持的学者，可在世袭金

融家族资本控制的欧美世界中，这是不可能出现的。偶尔有一些研究金融资本的书籍，比如《美联储的秘密》（［美］尤斯塔斯.美联储的秘密：john mclaughlin 出版公司.1993）也很坎坷（此书 1952 年就出版简本了，但备受打压，甚至在 20 世纪 70 年代被秘密销毁过，直到网络时代来临，这些珍贵的历史文献才再次浮出了"水面"）。

所以，"威尼斯共和国"的历史文献，是研究欧洲金融资本行为模式、动机与特征的，唯一的完整史料，以后再也没有了。

3. 金融权力是一种社会基石性的权力，根本就不应该由世袭银行家族来掌握，否则就会形成幕后金融僭主制度，并且以世袭家天下的"私人公司"的形式出现。这是一种社会的倒退和没有任何优胜劣汰机制保障的血缘世袭制，比欧洲古代贵族推举制度还要落后和黑暗许多，因为金融僭主家族不受任何监督，却拥有跨国的权力。

金融权力的私有化在"威尼斯共和国"得以充分体现，一切都被银行家族操纵，银行家族的数量也越来越少，最后甚至"消失于无形了"。银行家在后期用"独立央行制度"和"债务货币理论"秘密架空了欧美各国的"国家央行"，把原本应该和军事权力等同集中到各国政府手中的金融权力秘密交给了"独立央行"，这个看似是"政府机构"的特殊银行，实际听命于"国际债权人"（这个荒谬的理论是：为了限制各国政府滥发货币，必须由各国的"独立央行"来管理货币和金融权力，并由对国际债权人发行国债，确保各国政府不滥发信用。在华丽的辞藻下，是一个债务泛滥的世界，也是一个"国际债权人"取得欧美各国货币财经权力的过程。所以，所谓的"央行制度"特别强调"独立"二字，但失去了货币财经大权的欧美短期"民选"政府又如何不听命于世袭的"国际债权人"家族呢？早期"威尼斯共和国"的总督曾经两个月"选举"一次（后来有所延长），那根本就是一场闹剧）建立的"国际清算银行"，这就形成了一个金融僭主秘密主导欧美各国货币、金融、预算权力的跨国权力中心。

这种模式最典型的早期尝试就是"凭空出现，又凭空消失"的美第奇银行家族，他们建立的武装银行体系和公开的金融僭主制度相互保障，达到了空前的高度，创造了辉煌的金融文明。一个"威尼斯银行家"扶植的前台经理人家族，在整个欧洲实施了全面统治，各国贵族臣服于美第奇银行的金融力量，敢怒而不敢言。

这就是研究"威尼斯共和国"对于金融战役学的意义所在。"威尼斯银

行家"展现了一种毫不隐讳的"金融资本的硬实力"，这是"威尼斯共和国"对人类社会实践最伟大的贡献。它缔造了一个赤裸裸的，由金融资本主导的停滞、黑暗、蒙昧的肮脏时代，留下了足够多的思考（现代金融资本用"虚拟增长"替代的停滞、用无处不在的"24小时海量私家媒体信息采集和灌输"替代的"黑暗"、用"八卦娱乐和专业化学术"替代的"蒙昧"，却达到了同样的目的，人们也更容易接受了）。

"武装银行"这个事物，是"威尼斯共和国"时代最值得研究的——这是金融资本展示硬实力的第一次历史高潮。

二、"马基雅维利主义"

（一）黑暗、虚伪的"公司国家制度"与"十人议会"

"威尼斯共和国"是一个"金融国家"，一个"公司"。这个社会统治模式的好坏不能简单地下结论，而要看这种"权力形态"的所作所为。

既然是国家，就是一个有强制性权力的暴力机构，也是一个服务性和管理性集于一身的组织构架。"威尼斯共和国"建立的"公司国家"体制的主导者是"十人议会"。"威尼斯共和国"的议会制度演变是欧美近代议会制度的"说明书"。

1. 第一阶段："公爵阶段"（697～1172年）

"威尼斯商人"在相互兼并不充分，在没有形成一些垄断家族的情况下，表面上共同扶植了一个符合欧洲"传统"的"威尼斯公爵"，通过"工匠行会组织"和"贸易商会"实施自我管理。但由于公爵掌管了公共权力和税收，也控制了一部分军队，商人家族间的制约就给了公爵较大的权力。

这个时期，"威尼斯商人"之间相互兼并，逐渐形成了"威尼斯银行家族"，银行家族的私人武装也逐渐扩大，直到"罗马金融战役之前"，"威尼斯银行家"实际已经控制了罗马帝国，就不要说"威尼斯公爵"了。

但从历史划分来说，最后一任"威尼斯公爵"米奇尔遇害（1172年），才标志着"公国阶段"的彻底终结。"威尼斯公爵"是一个傀儡，但他不同于后期的"威尼斯总督"。前者是欧洲贵族推举制度的产物（就是用钱买了一些贵族称号的"威尼斯银行家"，推举一个公爵，实际类似于一个"城邦国度的国王"）；后者类似于欧美现代"选举人制度"（举例：依据美国宪法规定，美国总统并非由国会或选民直接选举，而是由选举人[Electors]选举。

全美各州选举人的组合，被称为 "选举人团" [Electoral College]。全美选举人票共 538 张，分别是参议员 100 名、众议员 435 名、华盛顿特区代表 3 名）下 "选举" 出的 "国家元首"（总统）。

推动 "威尼斯公国" 演变成为所谓的 "威尼斯共和国" 的力量，不是 "威尼斯人民"，甚至不是 "威尼斯商人"，而是拥有垄断金融资本的 "威尼斯银行家族"。他们创立的 "选举模式" 是一种资本有绝对发言权的模式，其本质是以世袭金融贵族制替代的传统贵族制。

由于后来的 "威尼斯总督" 的实际意义远小于早期的 "威尼斯公爵"，也仅仅代表 "十人议会" 中的极少数银行家族，所以不能说 "威尼斯共和国" 比 "威尼斯公国" 先进，在某种程度上 "威尼斯共和国" 步入了一个恶性循环的模式——"金融资本不断凝结，银行家族逐渐减少，金融权力相应扩大，形成金融僭主世袭制度"。

这是 "威尼斯共和国" 走向灭亡的原因之一，这个时期 "工匠协会" 和 "贸易行会" 就是 "威尼斯公国" 的议会（仅仅限于 "威尼斯公国" 金融国家的特殊背景，其他欧洲国家的 "工匠协会" 和 "贸易行会" 仅是重要的政治势力之一，不起决定性作用）。

2. 第二阶段："总督阶段"（1173～1797 年）

（1）大商业阶段。在漫长的历史演变中，开始大约是 60 个人组成的 "六十人议会" 决定 "威尼斯总督" 的人选，这个时期传统贵族和传统商人势力尚且客观存在，故类似于一个短暂的 "过渡时期"。银行家族相互争夺主导权，类似于欧洲传统的 "贵族推举制度"，还有一定的 "民主性"。

（2）银行阶段。由于 "威尼斯共和国" 内部的 "资本兼并的战争" 从商业竞争，转为政治竞争，很快就出现了起主导作用的 "威尼斯银行家族"。这带来了一个直到 "威尼斯共和国" 灭亡前不久才解决的 "难题"——"热那亚共和国"（"热那亚银行家族" 的 "非主流银行家"）与 "威尼斯共和国"（"威尼斯银行家族"）的长期战争，史称 "热那亚战争"。

这是人类社会中第一场以金融资本兼并为目的的 "银行家战争"，属于典型的金融热战。

这个时期，"威尼斯共和国" 的金融僭主体制成熟了。首先，"六十人议会体制" 实际的人数扩大了，一度达到了 480 人（表面目的是扩大议会权力，实际目的是削弱议会），而真正的权力由 "十人议会" 控制，这是一个由拥有贵族头衔的银行家（这就是后来欧洲所谓的 "金融贵族"，金融贵

族还有一个来源就是传统贵族中的银行家代理人）组成的秘密权力机构，决定了"威尼斯总督"的人选和"利益分配"，实际是古代欧洲的最高权力机构，他们发行了金币"杜卡特"（1284 年），是欧洲的通用货币（历史上有记录"弗罗林"标价，其实大多数是金币"杜卡特"）。

作为一个"金融国家"，"威尼斯共和国"此时具有全部的相关特征，"国家由世袭银行董事"管理，"选举"出一个"总督"做"总经理"。最核心的特点是："国家私有化（包括军队私有化、货币私有化、商业私有化、税收私有化等）"、"核心事务私密化"、"权力交接世袭化"、"金融资本非市场化"。

（二）银行家统治下的黑暗国度——"公司国家"

图片说明：这就是"威尼斯共和国"，恐怖的"十人议会"时期留下的历史痕迹。这张恐怖的脸，被称为"狮口"，实际上是一个告密信箱。告密者把各种不实之词写在不署名的信件中，然后"十人议会"就开始了一系列秘密抓捕、酷刑拷问和秘密囚禁。"威尼斯商人"畏之如虎，但可能也相互告密（比如：对手隐瞒真实收入，涉嫌"逃税"），以此打击商业对手。被"消灭"的商人家族，他们的资产就归了控制着"十人议会"的银行家族。这还是一个监督"威尼斯总督"的告密信箱，"威尼斯共和国"76位总督中的第55任总督"马里诺·法尔"被告密者描述为："试图谋杀十人议会成员"。被立刻逮捕，于 1355 年被处死。

"威尼斯共和国"的不择手段致富、政治尔虞我诈、阴谋诡计盛行、秘密监禁酷刑折磨在古代欧洲是出了名的，被概括为"马基雅维利主义"。

"马基雅维利主义"是对"金融国家"最好的诠释。现在的威尼斯是

一个美丽富饶的小城，但在古代欧洲，"威尼斯银行家"把它变成了欧洲金融战役的策源地。银行家族的资本兼并残酷无情，只有胜败，无有道义可言。究其原因这不是一个道德问题，而是一个"银行家控制金币，还是金币控制银行家"的问题。

资本是有生命力的"活的怪物"，好多人不理解这一点。在"十人议会"时期，"威尼斯共和国"的奴隶制复活了，绝对的世袭诞生了，市场经济消失了。欧洲在没有经历工业革命的历史条件下，就诞生了一个金融怪胎。这些银行家族篡夺了工业革命的果实，通过"债务货币制度"把欧美实体企业家的资本"轻易地凝结"到手，从历史的层面扼杀了资本社会的发展，颠覆了资本社会的经济发展规律，破坏了资本社会的市场经济规则，让欧美走入了一个"似乎是市场经济"的金融主义社会。

由于金融主义社会的特征是：僭主世袭、金融垄断，这就让欧美的经济发展迅速偏离了正常的轨道，从实体经济为主转向了虚拟经济为主。这扇"金融主义之门"由缔造"马基雅维利主义"的"威尼斯银行家"开启，引发了一系列深刻复杂、多变难料、漫长诡异的社会实践。

所以，有人说"威尼斯共和国"是欧洲第一个"资本主义国家"，是第一个"民主国家"，都是有待商榷的。"威尼斯共和国"是一个有奴隶制古希腊城邦色彩的金融国家，经济实质是最原始、最落后、最腐朽的高利贷经济（"威尼斯银行家"依靠金币和银币的垄断，迫使贸易必须经过"威尼斯共和国"，然后以"服务费"、"风险金"的形式，发展了一种贸易掩盖下的、变相的高利贷经济），政治实质是金融僭主世袭制替代了欧洲传统的世袭贵族制度（这两种世袭制度本没有什么本质区别，但僭主世袭制度少了贵族体制内烦琐的监督和贵族体制很缓慢的"新陈代谢"，所以金融僭主制度更加落后、更加保守，后期很多银行家族甚至一度"内部通婚"，就是这种制度的恶果之一）。

三、"威尼斯共和国"与金融战役

（一）"威尼斯共和国"时期的金融战役特征

1. 金融热战比较多

"威尼斯共和国"是古代欧洲的金融霸主，银行家不断地发动金融战役。由于历史的局限性，古代欧洲没有电子交易和电子货币，所以在这个

时期的金融战役中，很大一部分是金融热战。

2. 持续时间久

从 1204 年（罗马帝国灭亡，此后"威尼斯共和国"曾经扶植过一些落魄皇族，他们靠银行家的高利贷、典当祖传宝物过日子，基本是傀儡。一些罗马皇室和大臣成立的小国家并没有能够实际传承罗马体制）至 1492 年（哥伦布出海，最终发现美洲大陆）期间，整个欧洲一直处于"威尼斯银行家"蓄意制造的金币流动性短缺导致的"金融危机"中无力自拔。

这段时间欧洲经济发展缓慢的原因就在于"威尼斯银行家"的权力和欧洲经济发展之间产生了无法调和的矛盾——欧洲各国金币流动性短缺越沉重，银行家的高利贷政策就越容易维持。

"威尼斯银行家"为了排除竞争对手，还推动了一场"反借贷运动"，打击了欧洲的正常资本拆借市场，让"威尼斯银行家"完成了资本积累，逐渐演变成了欧洲垄断金融资本的雏形。

3. 打击面大

有句古话："不要一竿子打倒一船人。""威尼斯银行家"偏偏就四面出击、八方树敌，纵观古代欧洲历史，"威尼斯银行家"的敌人：大到罗马帝国，小到科西嘉岛；远到法国，近到"热那亚共和国"；"亲"到"威尼斯共和国"本身，"疏"到"异国蛮邦"，无不受到"威尼斯共和国"的金融战打击。"威尼斯银行家"的勇气、实力和智慧固然达到了一个惊人的高度，但也让他们成了欧洲众矢之的，最终不得不依靠"彻底消失"韬晦避祸。

4. 影响大、后果深远

"威尼斯共和国"蓄意发动了罗马金融战役，推倒了罗马帝国，打乱了欧洲的力量平衡，让欧洲长期处于战乱和割据状态；在第二金融国家"西班牙阿拉贡王国"摆脱了"威尼斯银行家"的金币控制之后，又成功策动了"八十年战争"，催生了第三金融国家"荷兰"的诞生（实际肢解了"阿拉贡王国"）。

他们长期执行高达 20%～30%的高利率政策，让欧洲商业和手工业者的获利空间变得非常狭小，不仅破产率增加，欧洲实体经济也无法完成资本积累，欧洲各国税收无法保障。反过来，这增加了银行家的金币特权、促进了高利贷产业维系的贸易垄断，巩固了"威尼斯银行家"在欧洲各国的幕后金融僭主地位。

这些金融热战和金融冷战不仅奠定了欧洲的版图，也导致了欧洲文化、

语言的多样性，站在文明角度高度，这是好事。但"威尼斯银行家"蓄意制造了欧洲各地的差异性，又努力把欧洲各国统一在金币的旗帜下，这种看似矛盾的做法，却非常巧妙地让金融资本成了欧洲古代统一市场的"黏合剂"。

（二）"威尼斯银行家"对金融战役学的价值

1. 流动性紧缩法则

在一个经济体中，流动性紧缩越严重，主导流动性一方的权力就越大，两者之间成正比。这就是垄断金融资本倾向于不断制造金融危机的物理原因，也是垄断金融资本一直是经济发展负面因素的内在原因，这就是"流动性紧缩法则"。

2. 巅峰

欧洲古典金融战役的巅峰，是由"威尼斯银行家"开创的，这朵绚丽的智慧之花，仅凭借一堆毫无价值的金属（工业革命以后，黄金和白银才出现真正的宝贵价值，早期的首饰和装饰价值，恰恰来自黄金的"货币价值"），几个家族，主导欧洲的一切。如果这不是一场癫狂的闹剧，那就是一场空前伟大的骗局。阴谋的火焰催生了一系列高超的金融战术，给后人留下了宝贵的精神财富，极大地丰富了欧洲古典金融战役史的内容。

3. "古典热钱战术"

中国和欧洲都出现过许多古典金融战术，但中国远在古希腊共和国出现之前，就已经完成了统一。又由于中华文化讲求和谐相处，故没有出现过有组织、有计划的热钱战术。"威尼斯共和国"则身处欧洲，由一群没有祖国、民族概念的跨国银行家所主导，热钱就发展成了常见的金融战策略。"威尼斯银行家"依托金融资本，提供金币"诱使"（更准确说是"迫使"）缺乏金币流动性的欧洲各国不得不通过"威尼斯共和国"进行贸易（甚至近在咫尺的国家都要绕道"威尼斯共和国"进行"交易"，大量贸易利润被银行家以"服务费"的形式占有了）。

他们把大量的金币投入粮食、奴隶、雇佣军、房地产、丝绸等各个领域，在意大利地区，甚至是整个欧洲频频制造"价格泡沫"，当中小商人和买家持有大量高价货物或资产的时候，他们在高点抛出牟取暴利。在人们恐慌性抛盘、避险性"割肉止损"而催生出一个不正常的低价区间后，他们又让大笔热钱进入，反复制造这种"游戏"，先后有几百年的时间。这种

由"威尼斯银行家"发明的战术被历史学家称做"威尼斯泡沫",(也就是本书的书名由来,但本书所说的"泡沫"还有一些其他的含义:(1)"金融国家"带来的繁荣和它必然索取的代价相比,不过是一场泡影;(2)"威尼斯共和国"催生的欧洲垄断金融资本最终导致了虚拟经济的发展,这是人类历史上最荒谬的骗局,当尘埃落定,人们回首往事,会发现20世纪70年代以后,欧美经济损失了最好的发展时光,实体经济陷入停滞,甚至萎缩,陷入了以虚拟增长为特征的经济危机泥潭,无力自拔甚至不自知,这一切都是金融资本制造的)也就是"古典热钱战术"。

4. 奠定了金融主义的基础

"金融主义"出现于20世纪初,在经历了原始金融主义阶段之后,目前正处于债务金融主义阶段。"威尼斯共和国"确立了一系列有利于金融资本发展的措施和手段,奠定了金融主义的基础。

(1)形成了欧洲垄断金融资本的雏形和幕后金融僭主体制。

(2)金融战役常态化。

(3)金融权力政权化。

(4)金融资本世袭制度。

(5)"世袭僭主"、"多头议会"、"短期总督"三角"宪政体制"。

(6)金融冷战为主,金融热战为辅的战役模式。

(7)金融资本的获利基石,从商业领域转移到了政权领域。

(8)金融资本对手工业、农业、矿业的债务控制和所有权拥有相结合的主导模式,这也是一种崭新的财富转移模式。

(9)虚拟经济主导实体经济成为可能,也做出了一些有价值的实践。

(10)确立了金融控制、代理人体制、学术豢养、商业情报系统、舆论导向、高端主导、金融冷战、僭主幕后"协调"为主,银行武装为辅的主导模式。

四、"威尼斯共和国""硬实力"的彻底失败

(一)银行武装尾大不掉的历史影响

"威尼斯共和国"时代的银行武装,不论如何用"国家"、"民族"来粉饰,其本质却是赚取佣金的雇佣军。这些武装人员来自欧洲各地,银行家为了排除其"民族性",鼓动了一种极端利己主义、唯利是图的雇佣军文

化，然后再让金币发挥影响力。这些雇佣军与其说是职业军人，不如说是职业打手，他们既没有信念，也没有真正所爱的东西（除了金币）。背叛、出卖成了"雇佣军道德"的核心——这不是被谴责的"罪行"，而是"威尼斯银行家"蓄意制造的"道德标准"。因为只有这样，这些雇佣军才能为了金币背叛自己的朋友、攻打自己的祖国、杀害自己的同胞。但这些雇佣军也逐渐形成了复杂的帮派，有人雇佣时就是军队，无人雇佣时就是匪帮，即便是银行武装也常会背叛。当时的雇佣军首领依靠洗劫城镇，积累了一定的财富，又熟悉军事和雇佣军文化，实际形成了传统贵族、银行武装之外的"第三股势力"——雇佣军军阀。

那时的意大利地区的雇佣军基本都是银行武装的产物，所以早期"米兰公国（1395～1535 年）"其实并不具备挑战"威尼斯共和国"的能力（因为他们依靠的雇佣军，这会形成一个"金币数量"的较量，谁也没有能力胜过"威尼斯银行家"）。但 1450 年，雇佣军首领弗兰西斯科·斯福查（1401～1466 年）发动宫廷政变，夺取权力建立起斯福查家族的统治（推翻了米兰贵族维斯康蒂家族的统治，这个事件的始作俑者就是"威尼斯银行家"，这是一场小规模的金融冷战），但雇佣军军阀斯福尔扎自立为王（自封为"米兰公爵"），这就是"米兰公国"与"威尼斯共和国"一度矛盾空前激化的导火索。究其深层原因，是银行武装本身的固有矛盾和固有文化所导致的一种不可避免的"失序状态"。

这个矛盾是金融权力私有化造成的，其要求所有人忠于跨国银行家族（也就是"忠于金币"）的同时，就是在要求所有人背叛各自的祖国和民族——在一个以背叛为最高道德的群体中，一个顶端的背叛者要求一群背叛者对自己和自己的家族保持"忠诚"，这不仅可笑，也不可能。

"威尼斯银行家"在实践过程中，逐渐认识到了人性是高贵的，道德是不可替代的，一个没有道德和祖国的人，是不可信赖的。这是导致纯粹的银行武装逐渐退出历史的根本原因，也是"威尼斯共和国"这样纯粹的金融国家再也没有出现过的内在原因——国家的基石是暴力，但国家暴力的基石必须是道德、忠诚和仁爱。金融国家可以依靠金币建立一个暴力团体，但建立在背叛、告密和自私基础上的城堡，不过是南柯一梦。

（二）军事科技无法替代人的精神

　　"威尼斯共和国"作为人类历史上第一个金融国家，深刻地影响了欧美，尤其是后来的金融国家。银行家缔造的军事文化和军事思想主要表现在雇佣军文化和唯技术论两块基石之上。

　　由于金融资本实力强大，就不断在军事科技的高端投入大量资金。这构成了一个"高端军事竞赛悖论"。

　　图片说明：这是"威尼斯共和国"的巨型战舰，有3层楼高，80多米长（体积近似现代的导弹驱逐舰），有桨手200余人和巨型风帆一起提供动力，船上配有重炮和火枪，在整个地中海，乃至欧洲没有对手，是真正的海上霸主。

　　金融国家不断追求高端军事技术优势，不断追求绝对的军事技术优势，就可以保持一种绝对的军事优势。但这个看似绝对稳定的区间却危机四伏。人类科学技术的发展，如同一列不断前进的、有100节车厢（不同发展水平）的列车。主导这列"科技列车"前进，需要去探路和修筑铁轨，车头超过某一个车站（某一技术水平）后，最后一节车厢也会很快通过。"车头"取得的是主导权，而不同车厢中的"乘客"也会分享这一果实（举例：人类历史上保密最严格的军事技术就是核武技术，经过几十年的发展，也逐渐被许多国家掌握了，但先行者拥有了无可辩驳的主导权）。金融国家实际必须在制造"两班列车"的前提下，形成对后一班列车的"划时代优势"的条件下，才可以维持"绝对军事优势"，不断压制、迟滞、误导、颠覆"后一班列车的前进"，保持金融国家的稳定和领先，让银行雇佣军文化固有的劣势不演变为显性矛盾和显性危机。

水城的泡沫——威尼斯金融战役史

金融国家必须拥有绝对优势的资金和科技才可以利用"绝对军事科技优势"来取得军事优势。可一旦金融国家在资本上的绝对优势丧失之后，尤其是在金融国家与普通国家之间并没有"划时代"的军事技术鸿沟的前提下，金融国家就会被迫进入一个"隐性的高科技技术陷阱"，其表现为：

1. 在缺乏技术储备的条件下，盲目追求"军事高科技领先性"，导致武器研制成本急剧增加、风险急剧增大、武器使用年限急剧缩短、军事成本急剧上升，却仅仅为了保持了"普遍意义"甚至仅仅是宣传意义的领先，而并非"划时代的领先"。这是金融资本在实力不足的极限条件下，必然表现出的一种应激反应和不适应。

2. 私有军事工业尾大不掉，形成一个可以和银行家族对垒的军工联合体，雇佣军军事贵族阶层和"威尼斯总督"代表的前台代理人阶层会有联合的趋势，银行家族很难处理，并最终从"双赢构架"演变为"零和游戏"，这个过程是追求"绝对军事高科技"的私有银行军工体制必然导致的结果，必以银行家族的意志为转移。

所以，"威尼斯共和国"的全过程，让善于总结的银行家族对于建立纯粹的、公开的银行武装一直小心翼翼，而更多地依靠金融国家的国民的"民族荣誉感"，这实际又增加了"高端军事竞赛悖论"对金融僭主体制的潜在冲击，给金融国家埋下了长期的隐患。

（三）"实体经济的荒漠"

"威尼斯共和国"最大的特征莫过于"富裕和强大"，但这种"富裕和强大"是针对"威尼斯银行家族"而言，"威尼斯共和国"没有建立起任何可以称道的实体经济。

在这一点上第二金融国家"西班牙阿拉贡王国"、第三金融国家"荷兰"、第四金融国家"英国"也完全一样。在金融资本流动到这些国家的那段历史时期，他们的经济、军事、工业、文化、贸易、科技都得到了迅猛的发展，可以瞬间领先世界，并成为世界霸主。但金融资本离开后，这些国家繁荣的工业和科技会迅速凋零，在下一个金融国家建立后，会逐渐走向衰落。虽然这个过程会很漫长，但却不可逆转，原因在于：金融国家的本质是贸易霸权形态下的金融霸权，"拥有"的金融力量是一种特殊形态的热钱资本，所赚取的利润实际归属银行家族，本质是虚拟经济之花。

1. "威尼斯共和国"曾经是欧洲科技、工业最强大的城邦，银行家族

离开后，这里却成了一片实体经济的荒漠，除了旅游业和小手工业，似乎是一个没有经历工业革命洗礼的"世外桃源"，一切呈现一种古代的风貌，没有现代化的迹象和现代实体工业的存在。

2."英国"在造船、航空工业、汽车工业、机械制造等领域，一度是世界霸主。但后来逐渐消亡，《福尔摩斯》的作者柯南道尔对此深感忧虑，以至于在20世纪以后再也没有创作过任何有关《福尔摩斯》的侦探故事，他说过一句很多人都不理解的话："一个时代结束了。"那时，英国表面上还是世界霸主之一，人们还不理解。20世纪70年代以后，在跨国金融资本的主导下，英国逐渐放弃了本国的造船业、钢铁行业、汽车工业、机器制造业、航空工业，经历了一个短暂的（从历史角度来看）、诡异的"非工业化"进程。强大的英国航空制造业消失了、优秀的英国汽车行业没有了（所有权转移了）、先进的英国机器制造业不见了、鼎盛的英国造船业仅留下了一些逐渐缩小的"历史痕迹"。这不是进步，而是金融资本逐渐离开后导致的"非工业化进程"。

金融国家的特征是公司国家，特点是贸易国家，政治内涵是世袭僭主体制，"繁荣"的实质是热钱国家，在虚拟经济泡影城堡的背后，是一片实体经济的荒漠。

（四）历史的镜子——"硬实力"对"威尼斯银行家"的历史影响

1.市场经济的消失和"伪市场经济"的出现

古代欧洲商人，聚集到威尼斯，在地中海贸易的热潮中，大浪淘沙，经历了各种考验，成了一个著名的"威尼斯商人"。这十几万个商人都是商业精英，他们相互竞争，最后仅剩下10个左右的银行家族成功演变为"威尼斯银行家"。

这种资本兼并不仅导致了长期的"热那亚战争"（银行家"主流"与"非主流"之间的兼并战争），还让导致古代欧洲的市场经济游戏规则被打乱了，优胜劣汰的商人竞争演变为了资本大小的较量（不能单纯看待"竞争双方"资本大小的对比，而要看复杂控股者的资本大小）。

"威尼斯银行家"损害了古代欧洲实体经济的发展，破坏了商业繁荣需要的公平环境，让银行家赖以生存的商业社会基石受到了破坏，再也没有得到恢复。其后虽经历了"大航海时代"和"工业革命"导致的大发展

时期，但到 20 世纪 70 年代以后，欧美普遍进入了虚拟经济主导的历史阶段，金融资本的力量再一次超越了实体经济自我发展的力量，整个欧美商业体系呈现为一种凝固的、由银行家族交叉控股的"伪市场经济"状态（这类似于古代"威尼斯共和国"鼎盛时期，地中海商业和手工业的状况）。

"威尼斯银行家"的"硬实力"损害了银行业赖以发展的基础，这就走向了反面。

2. "代理人家族"——美第奇家族对"威尼斯银行家"的反作用

"威尼斯共和国"时期，银行家族依靠"硬实力"带来了复杂而深刻的损害。在古代的意大利地区，长期存在四股银行势力：

（1）"米兰公爵"：银行武装失控的雇佣军。

图片说明：皮蒂官，"威尼斯银行家"的代理人家族"美第奇银行家族"的官殿（也被翻译成"碧提官"、"佛罗伦萨碧提官"），内部极尽奢华，是一座典型的欧洲王官。

（2）"热那亚共和国"：由"威尼斯共和国"争夺中失利的"非主流"银行家族。

（3）"佛罗伦萨共和国"："威尼斯银行家"扶植的代理人家族。

（4）"威尼斯银行家"。

这四股势力，尔虞我诈，不停地较量。后人只能泛泛地说："威尼斯银行家赢了。"可这四股势力都是"威尼斯银行家"，很难确定最后获胜的幕后银行家族到底是哪一个。

"威尼斯银行家"如果不是依靠银行武装四处煽风点火、直接参与战争，就不必要扶植雇佣军和银行代理人。如果"威尼斯银行家"可以在早期形成一个真正的银行家族联盟，那么也就不会有漫长的"热那亚战争"。

美第奇银行家族本来是"威尼斯银行家"扶植的代理人家族，却逐渐失控了。美第奇家族秘密，甚至是"半公开"的参与了"热那亚银行家"对"威尼斯共和国"的打击。比如：1252 年"热那亚共和国"和"佛罗伦萨共和国"同时开始铸造名为热那维诺（genovino）和弗罗林（florin）的金币（足金），均重 3.5 克。这实际成了一个金融联盟，迫使"威尼斯银行家"在 1284 年发行金币杜卡特，也是足金 3.5 克，金币热那维诺和金币弗罗林等值使用。

这四股势力之间形成了微妙的平衡，通过诡异的暗中较量和长期战争，不仅严重破坏了意大利地区的经济，也让金融资本受到了极大的"内伤"，这是后来"威尼斯银行家"不得不隐姓埋名，突然集体"蒸发"的原因。

金融资本一直追求"接触打击模式"，也就是建立一个"银行业联盟"，然后在这个范围和"某种游戏规则"下进行相互兼并，联姻是手段，但却从来就没有阻止银行家之间的殊死搏斗。银行家并不理解他们已经被"活的资本"控制了，资本凝结的过程是谁也无法组织的，银行家联盟永远是短暂的和不可信赖的。"威尼斯共和国"时期的"硬实力"兼并模式，极大地增加了兼并战争中的"刚性反弹"，让一切本来应该秘密进行的财富转移发出了金属的响声。

这种"硬碰硬"的较量在金融资本逐渐控制了欧洲各国之后，就主要发生在银行家内部了，这就极大地损害了欧洲跨国金融资本，削弱了银行家的统治力量，让"大航海时代"和"工业革命时代"欧洲的繁荣成为可能。"威尼斯银行家族"则改名换姓逐渐把重心转移到了欧洲大陆以外的英国和美国。

五、"硬实力"的搏杀削弱了"威尼斯银行家"发展实体经济的热情

（一）半奴隶制、半封建制的"威尼斯共和国"

"威尼斯共和国"时期，是一个特殊的银行武装公开进行相互搏杀的历史阶段。历史学家看到了"贸易"和战争给"威尼斯共和国"带来的富裕，过早地认为：这是一个先进的资本主义国家。他们没有看到"威尼斯共和国"的手工业，没有发展成任何形态的工业雏形；"威尼斯共和国"的贸易商，没有发展成任何形态的制造业；"威尼斯共和国"一度空前领先的

造船业、军火业都随着银行家的离开而烟消雾散了。

一句话："威尼斯共和国"的资本主义萌芽被"威尼斯银行家"扼杀在摇篮里，成了一个远远落后于欧洲的半奴隶制、半封建制的"城邦国度"。金融资本控制相对薄弱的德意志地区，却逐渐成了欧洲的制造业中心。

（二）"战争利润"高于"建设利润"

"威尼斯共和国"时期，银行武装把洗劫城邦看成是一种"利润"，事实也不可能有比洗劫一个城市更能"迅速取得金币"时了。这时，"威尼斯银行家"就倾向于把"金融热战"变成一种"战争产业"，而不是维护金融霸权的手段（这是欧洲古典金融热战与现代金融热战的本质区别）。"威尼斯共和国"也无意建设更多的城邦，甚至不愿意扩大"威尼斯共和国"的领土（除了几个战略要地，他们一直没有做领土的扩张。实际上，只要"威尼斯银行家"愿意，他们可以轻松地让"威尼斯共和国"的领土扩大 100倍），就不要提"经济建设"了。

一切都围绕着"银行武装"的"营利性活动"（比如：对固定城邦进行的"周期性洗劫"，这有点像放水养鱼，"热那亚战争"在有的时候，更像是两股银行武装相互给对方制造洗劫城邦的理由，是黑暗的战争）进行，广阔的意大利地区和更加辽阔的欧洲如同"威尼斯银行家"的"私家猎场"一样，有着无数的金币和财富可以定期狩猎，为什么还要去建设呢？

"威尼斯银行家"的行为模式，更类似于一个强悍的游猎小队，而不是商人或企业家。究其原因在于"银行武装"让银行家没有了任何的限制，表面上行为不受任何约束，其实却备受限制，成了"硬实力"的奴隶，而不是主人。

在罗马金融战役中，"威尼斯共和国"取得的财富大致相当于1204 年"威尼斯共和国"10～20 年财政收入的总和，各种无价之宝的价值更是无法计算。

在这种特殊的历史条件下，"威尼斯银行家"发动了过多的战争，实际是战争不断。从整体而言，"威尼斯银行家"的银行武装越来越难以实现大规模的"战争利润"，对手却越来越强，银行集团内部又出现了雇佣军集团、银行代理人集团、"非主流"银行家隐约联合对付"威尼斯银行家"的不利态势。银行家的硬实力逐渐成了负担，而不是保障。

图片说明：这一枚是后期仿制的“杜卡特金币”，杜卡特金币最早由“威尼斯共和国”在 1284 年铸造，是“威尼斯主流银行家族”和失控的代理人家族（美第奇银行家族）发行的金币弗罗林（florin，1252 年）和被排斥出“威尼斯共和国”的“非主流银行家”（“热那亚共和国”）发行的金币热那维诺（genovino，1252 年）之间秘密的欧洲货币发行权之争的历史见证，“威尼斯主流银行家”最终取得了胜利。

（三）“威尼斯银行家的硬实力”与“欧洲贵族的硬实力”

“威尼斯共和国”的成功从根本来说，是金融战役的成功，金融资本替代军队成了主导欧洲大陆的重要力量。“威尼斯银行家”喜爱银行武装赋予他们的“自由性”和“力量”，却抛弃了最擅长的金融博弈，而在军事层面与欧洲贵族进行了一场带有更多军事色彩的正面冲突。

由于欧洲的金币短缺赋予了“威尼斯银行家”一种超级金融特权，欧洲贵族的军队又带有太过鲜明的雇佣军色彩，所以“威尼斯共和国”的银行武装才得以屡战屡胜。但“大航海时代”（1492 年）开始以后，“威尼斯共和国”的“硬实力”出现了“迅速的衰落”，这种衰落很大程度上是一种“相对的衰落”。因为欧洲各国从“海外领地”取得了大量黄金和白银，迅速地取得了对“威尼斯共和国”的军事优势。此后，“银行武装”似乎突然变得无关紧要了，从来不打败仗的“威尼斯共和国”再也没打过胜仗。

“威尼斯银行家”进行的战略转移，是主动的，也是被迫的。他们如同被赶下台的欧洲君主一样，必须首先要秘密逃亡，而不是四处招摇。“威尼斯银行家”在欧洲历史上诡异的消失，原因就在于此。

他们用金融资本组织银行武装，对抗了整个欧洲的贵族武装。单纯从军事角度来说：“威尼斯银行家”的“硬实力”扩张是一场惨败，尤其从战略角度来说更是如此。

水城的泡沫——威尼斯金融战役史

　　"威尼斯银行家"从"威尼斯共和国"的历史中学到的东西，比其他人要多得多。大多数欧洲人逐渐忘记了"威尼斯银行家"的存在，似乎那仅仅是一个"历史词汇"。

第八章

威尼斯泡沫（下）

——"软实力"的辉煌胜利

一、无人知晓的金融盛事

"威尼斯共和国"是世界金融战役简史的开篇，可很少有人知道曾经有过这样一个"古代国度"。它鼎盛时期不过 800 平方千米，"首都"不过 7 平方千米，但却主导欧洲接近 1000 年。

最令人惊讶的是：人们不仅忘记了这个伟大的"金融国家"，也找不到任何"威尼斯银行家族"的延续痕迹，他们却曾经主导着 13 世纪到 16 世纪的欧洲。

人不是生而知之，银行家也一样。"威尼斯银行家"几乎尝试了所有可能尝试的统治策略和金融战模式，"硬实力"的失利不过是"美玉微瑕"——"威尼斯银行家"的软实力取得了辉煌的成功。

银行家开辟了一个金融战役的新时代。

二、"银行家的礼物"——杀人不见血的"威尼斯白粉"

图片说明：伊丽莎白一世（Elizabeth I，1533.9.7～1603.3.24.），英格兰和爱尔兰

女王（1558.11.17～1603.3.24）是都铎王朝的第五位也是最后一位君主。她的统治期在英国历史上被称为"伊丽莎白时期"，亦称为"黄金时代"。伊丽莎白为人谨慎，她的座右铭是"明察无言"（video et taceo，拉丁文，直译为"我观看，而且我沉默"）。

（一）"凝固的白色面具"

这位英国女王与银行家关系紧密，是英国逐渐走上"金融国家"之路过程中的承上启下的关键人物。但她不是银行家的傀儡，是一个深谋远虑、理智缜密的英主。她和银行家的关系是相互利用，英国的大陆均势政策隐约出现了。这背后有一系列异常复杂和尖锐的斗争（所以伊丽莎白一世非常不简单，她所面临的情况错综复杂、矛盾重重，她为了避免矛盾，终身未嫁，也未指定继承者，被称做"童贞女王"，美国维吉尼亚州就是用这个称号来命名的），暂时点到为止。

这是伊丽莎白一世的真实画像，她的脸特别像一个没有任何表情的"白色面具"，只要对比一下她左手的手指和面部的颜色，就会发现这张脸白的很异样，这是一张凝固的脸，甚至有点恐怖。

（二）美第奇银行开办的"美容协会"

"威尼斯共和国"时代，意大利地区乃至欧洲都受到美第奇银行家族的左右。"威尼斯银行家"让整个地区陷入土地荒芜、战争不断的可怕境地，却也给全欧洲提供着一些诡异的"商品"，"威尼斯白粉"就是其中之一（这是"威尼斯银行家"开创的虚拟经济形态之一，"花点经济"的一个成功范例）。

"威尼斯共和国"为了在欧洲制造影响力，也为了聚敛不义之财，就想出了一个诡异的骗局。这个骗局的主角就是"白铅"（即"碳酸铅"，有毒）。当时人们已经发现白铅粉末，可以杀人。但白铅矿的晶体有金刚石般的色泽，被用作釉料。

由美第奇银行出面，让家族成员法国著名王后（亨利二世的妻子）凯瑟琳·德·美第奇在"威尼斯共和国"的一个"美容协会"任荣誉会员。这个协会从后来看带有商业情报组织的性质，不是单纯的"美容问题"，这种"威尼斯白粉"，在欧洲上层起到了一个削弱欧洲贵族和"主导"某一个欧洲贵族女性（实际包括她的家庭）健康程度的作用。

（三）美第奇银行的公关策略

欧洲贵族对于金融僭主美第奇银行家族充满了崇拜和羡慕，以结交外国银行家为荣，能收到美第奇银行家族送来的礼物，都引以为荣。当时的欧洲也有许多有识之士，反复劝告不要使用"威尼斯白粉"，因为它会导致慢性中毒，是一种杀人的毒药，这绝非危言耸听！

在伊丽莎白时代的英国，女王在脸上涂上一层厚厚的白铅粉，为宫廷女士树立了榜样。伊丽莎白女王越老，涂的粉越厚，就像船头的雕塑经过暴风雨腐蚀一样，她脸上的白粉也开始脱落。法国大使曾评论说："用白铅粉化妆损坏了她的牙齿，并让人感到可怕。"1767年，英国著名女演员基蒂·菲舍尔死于铅中毒，就是因为她使用铅粉。另一个著名的死亡事件是英国考文垂伯爵的妻子玛利亚·冈宁。玛利亚·冈宁曾以美貌著称。17世纪50年代，她开始在脸上涂抹铅粉。17世纪60年代，她的健康状况开始恶化。她清醒时，照着镜子，看着苍白的脸上出现污点，皮肤变得干涩，以至于她最终把自己的房间布置得非常黑暗，这样便无人能看到她憔悴的容貌。数以万计的人参加了她的葬礼，但是在熟悉玛利亚·冈宁的人中，很少有人会认出棺材中那个秃头、无牙、干瘪的老太婆，就是美艳绝伦的她（[英] 杰弗里·雷根，陈海宏译.愚昧创造历史.济南：山东画报出版社.2007）。

"威尼斯银行家"这种公开的削弱欧洲贵族和"贩售愚昧和死亡"的行为，抛开道德因素不谈，在公关角度有很多可圈可点的地方，初步具备了金融战役学"高端主导"策略的一些重要元素。

1. "友好接触"、"高端主导"、"掀起潮流"、"银行家幕后推动"。

2. "接触等于遏制"、"交往等于削弱"、"友好等于伤害"（金融战役学中，"高端控制"策略的三原则）。

3. 首先打击欧洲上层贵族、首先打击和银行家联络最紧密的贵族代理人阶层。

4. 削弱既定的行动，费用由目标支付，行动成本为负值（打击对手的资本由对方提供，目的达到，己方有收益，这就是金融战役不同于传统战争经济学的特殊之处）。

5. 商业情报网络以文化、私人和商业的名义直接渗透欧洲贵族阶层。

6. 打击社会各个阶层，制造广泛的连锁打击和己方收益。

水城的泡沫——威尼斯金融战役史

"威尼斯银行家"超越了时代，奠定了欧洲古典金融战役学的基石，丰富和发展了"威尼斯的商业策略"，彻底摆脱了"高利贷经济"的桎梏和诱惑，开辟了一个崭新的金融战役主导一切的时代。

"威尼斯银行家"是古典金融战役领域的战略大师、战术高手，一句话：他们是时代的先行者。

三、马基雅维利主义与金融僭主制度

前面已经提到过"马基雅维利主义"和马基雅维利（1469～1527）本人，这里只想探讨一下"威尼斯银行家"奉行的"马基雅维利主义"的实质和影响。

1. 从表面上看"马基雅维利主义"是反对欧洲封建贵族的"文艺复兴学派"，他在《佛罗伦萨史》中坚定地反对"君主制"，这并没有错，但他所倡导的"议会制度"和"选举制度"却是更加落后的幕后世袭金融僭主制度。所以，列奥·施特劳斯称他为"罪恶的导师"，莎士比亚称他为"凶残的马基雅维利"，就是看出了"马基雅维利主义"倡导的"自由选举"和"议会制度"是一场骗局。

2. "马基雅维利主义"在近代，被一些西方学者解释为"欧洲君主专制制度的体现"，这种"解释"不符合历史真相。"马基雅维利主义"就是"威尼斯银行家"开创的"十人议会"、"民选总督"制度的忠实代言人，他本人就是美第奇银行家族的"一手培养的大师"（他也是美第奇银行武装的雇佣军首领和美第奇家族的核心幕僚，是欧洲古代金融资本的代言人，所以他反对"欧洲君主制"，是"议会总督体制"的推广者之一）。

西方历史学家之所以把"马基雅维利主义"说成"欧洲君主制度"的维护者，是因为"马基雅维利主义"的名声太坏，这个坏名声就是来自欧洲古代学者和政治家对黑暗的美第奇银行僭主时代的厌恶和反思。这些欧洲学者不是君主制度的拥趸，但看出幕后金融僭主世袭制度操纵的"总督议会制"还不如君主制——因为，他们（和欧洲君主比较）丝毫不受监督，也没有任何新陈代谢的渠道，更不存在（内在的）优胜劣汰的机制，是纯粹的幕后世袭僭主操纵前台傀儡"威尼斯总督"。

3. "马基雅维利主义"存在一定的"对教廷的不恭"（这是欧洲学者对其不满的原因之一），却是由美第奇银行家族成员朱理·美第奇（"教皇"克莱芒七世，1523年当选），用120个金币让马基雅维利写的。这看似矛

盾的历史过程，就涉及了一系列复杂和深刻的问题。因为涉及"威尼斯银行家"与宗教的关系，这里就不探讨了。

四、美第奇银行和两位法国女摄政王

（一）凯瑟琳·德·美第奇

"威尼斯银行家"有一种传统的扩张模式：把女儿嫁给"有潜力"的欧洲贵族，然后把生下的孩子当做美第奇家族的成员（美第奇家族的所谓的"绝嗣"无疑是荒谬和可笑的"历史公论"；那些孩子不一定都"认同"美第奇家族）。这种婚姻包括大笔的金币、复杂的"人脉"，被选中的欧洲贵族是"幸运儿"，但也是漩涡的中心。

美第奇银行通过这种方法，先后两次在法国建立了"女摄政王"体制，直接由美第奇银行主导法国事务，这是法国人民特别反感美第奇银行的重要原因。"马基雅维利主义"就是在这种背景下，由法国学者制造出来的一个"新词汇"。

凯瑟琳·德·美第奇（1519.4.13～1589.1.5，欧洲女性"束腰时尚"的开创者。这种束腰文化延续了 300 多年，欧洲贵族女性将腰用金属箍勒到 40 厘米以内，这就削弱了女性的体质，增加了流产率，是对女性的一种摧残），是洛伦佐二世·德·美第奇和法国贵族玛德莱娜·德·拉·图尔·德·奥弗涅郡主的女儿（这里仅仅提及两个影响最大的"女摄政王"，影响力"相对较小"的银行家族与贵族的联姻，也是存在的）。

她 14 岁就嫁给了丈夫亨利（后来的法王亨利二世）。没有证据表明是她毒死了亨利二世，篡夺了法国的政权，但直到今天人们还可以在法国皇家布卢瓦城堡中看到她的毒药柜子。

1552 年，她第一次取得摄政资格（虽然权力还受到很大限制），对于"威尼斯银行家"来说，这是第一次由银行家族直接掌握法国，是一个仅次于罗马金融战役的空前胜利。此后，在丈夫亨利二世死后，最终取得了真正的女摄政王资格，实际一直掌握着法国政权（她曾经想让最喜爱的儿子安茹公爵与英国"童贞女王"伊丽莎白一世联姻，但伊丽莎白一世既没有得罪美第奇银行，也没有在复杂的联姻对象中选择任何一个人，终身未嫁）。

长期在法国"摄政"的凯瑟琳·德·美第奇为了削弱儿子查理九世的力量和"独立执政的意愿"，（利用不同宗教派别之间的矛盾）发动了著名

的"巴托洛缪行动"，欧洲历史学家认为有 7 万人死于这次动荡（她本人据说被气恼的儿子打了一个耳光，因为她暗杀了支持他儿子的将领，也是朋友的将军科利尼）。

（二）玛丽·德·美第奇

图片说明：法国王后、女摄政王玛丽·德·美第奇在圣但尼教堂加冕，如果不是由于她儿子路易十三的首相黎塞留，她可能会"在位"很多年。

玛丽·德·美第奇（1575.4.26～1642.7.3）是法国国王亨利四世的王后，路易十三的母亲。1600 年嫁给亨利四世，成为其第二任妻子；1601 年，她生下了路易十三；1610 年亨利四世神秘遇刺后（此时小儿子刚 9 岁，"正好"是一个可以"继承皇位"，又必须有人"摄政的年龄"），玛丽·德·美第奇成了美第奇银行在法国的第二个女摄政王。

她的"摄政"过程并不顺利，而是遇到了一个强有力的对手"首相黎塞留"。此人特别擅长宫廷斗争，又站在了小皇帝一边。当时大多数法国贵族站在了"首相黎塞留"一边，吉斯公爵夏尔·德·洛林和她的第三子奥尔良公爵加斯东则站在了玛丽·德·美第奇一边。先后进行了几次公开较量。也许是由于大多数法国贵族对"早年间"凯瑟琳·德·美第奇长期摄政、翻手为云覆手为雨心有余悸，所以表面上"中立"，实际大多反对美第奇银行对法国的渗透。这导致玛丽·德·美第奇最终离开了法国政治中心，

没有发挥决定性的影响力。

总体来说，玛丽·德·美第奇在法国的第二次女摄政王期间的影响力要比凯瑟琳·德·美第奇小。但几十年中，先后两位美第奇银行家族成员成了法国的女摄政王，这不仅说明古代金融资本的力量已经足以主导当时最强大的法国，也导致了法国皇室与银行家的界限逐渐模糊，很难分出你我了。

欧洲历史学家普遍认为美第奇家族 1737 年绝嗣，但实际上无论从哪个角度来说，美第奇银行都没有"绝嗣"，而是主动放弃了继承"公爵"爵位，隐姓埋名在人们的视线中消失了。

五、美第奇银行与意大利文艺复兴三杰

（一）列奥纳多·达·芬奇

达·芬奇（意大利文：Leonardo da Vinci，1452.4.15～1519.5.2），意大利文艺复兴三杰之一。"达·芬奇"（da Vinci）并不是姓，而是"文西城"出身之意。他的全名列奥纳多·迪·瑟皮耶罗·达·芬奇（Leonardo di ser Piero da Vinci）意思是"文西城梅瑟·皮耶罗之子——列奥纳多"。

达·芬奇不是一个普通的艺术家，他是一个服务于"威尼斯银行家"的高级军事主官，是一个天才。但把他说成是"绘画大师"，是不正确的，他的艺术画作很少，著名的《最后的晚餐》、《蒙娜丽莎》与同期的许多绘画和雕塑相比水平一般，属于被炒作的典型（前者和欧洲的宗教文化有关，后者与达·芬奇独特的个人癖好有关，与艺术关系不大）。

他的职业是一个高级军官和武器设计师，可能还是一个高级的情报人员，主要服务于"威尼斯银行家"。当时，意大利地区有四股银行势力，他本人出生在当时的"佛罗伦萨共和国"（附近的文西城，那时的佛罗伦萨是银行代理人家族"美第奇家族"的地盘），一直受到美第奇家族的资助，成了一名军工大师。1482～1498 年期间，达·芬奇服务于"米兰公爵"（银行雇佣军失控军阀斯福查家族，这一直是"威尼斯银行家"的心腹大患）。名义上，达·芬奇是被雇佣生产大炮（达·芬奇用建筑的名义储备金属半成品，局势恶化时就立刻熔铸为大炮，平时又不会刺激对手）。

1498 年斯福查家族灭亡之后，他秘密回到了"威尼斯共和国"，担任军队的高级将领和军工总师。他曾经犯过一些在当时看来"不可饶恕的罪

行"，可一直被银行家庇护着，后来干脆找了一个值夜官看着他（值夜官是一个文艺复兴时期的执法机关，负责取缔"一些非法行为"，这些案件都保留在当时行政官和值夜官的法律文献中）。

失控的银行雇佣军军阀"斯福查家族"有可能就毁在达·芬奇的手中，他许诺的"先进武器"虽然在1495年被制造出来了，但除了消耗斯福查家族的财力（这导致了斯福查家族的灭亡），什么实际作用都没有起到。如果达·芬奇是这样一个"无能之辈"，他是不可能在"斯福查家族"灭亡后，成为"威尼斯共和国"的军工总师——"威尼斯银行家"是一群超人的智者，而不是一堆白痴。

图片说明：列奥纳多·达·芬奇（右下），与米开朗琪罗和拉斐尔并称"文艺复兴三杰"，左上是《蒙娜丽莎》，右上是达·芬奇收养的10岁小男孩"沙莱"（此后几十年与达·芬奇为伴），左下是《施洗者圣约翰》。如果把右下达·芬奇的脸，画成一个朝向左边的镜像，然后仔细看"沙莱"与《蒙娜丽莎》（"沙莱"年龄可以再大一些），然后看《施洗者圣约翰》嘴角的那一丝"笑容"，这就是所谓的千古谜题——"《蒙娜丽莎》神秘微笑"的全部内容（四合一图片，由网友小潘依据原始图片组合，特此感谢）。

达·芬奇很可能是一个在当时四股银行势力中游走的多面间谍。他的间谍成分可能要多于军工设计人员的成分（他的军工设计超越了时代，包括：潜水艇、直升机、坦克、机关枪、无级变速箱、子母弹、降落伞，但

都是概念型的"设计"，当时不具备实现的工业基础）。在近代美国情报人员的培养中，有一种独特的书写方法，就是用大写英文字母不加空格进行书写（有时还包括把一些特定字母进行"对调"），这种文字记录即便被谁看到，也很难识别，如果写得"潦草"一些就会被当成废纸。

达·芬奇一直用左手逆向书写一种"镜像字母"（就是把字母对着镜子后的样子，然后逆向、逆序书写，又很潦草，有时还做一点"改动"，并且分存在很多地方，并不集中存放），他的文字和研究后人很长时间无法破译（曾经有学者尝试破译了一点，但很困难），直到近代计算机技术出现之后，达·芬奇的记录才逐渐被翻译了过来（这说明达·芬奇密码的密级很高，普通密码保密几十年就很不错了，他的密码成功保密了几个世纪，所以说达·芬奇是"威尼斯共和国"的情报密码大师，他是当之无愧的）。

美国作家丹·布朗认为达·芬奇是郇山隐修会（Priory of Sion，也被译作"锡安会"）成员（[美]丹·布朗，朱振武译.达·芬奇密码.上海：上海人民出版社.2005），近代共济会和古典共济会不同，一直是欧洲垄断金融资本在主导。

达·芬奇不是一个普通的"受银行家资助"的"文艺复兴大师"，而是"威尼斯共和国"时代，欧洲金融资本的领导者之一。他与拉斐尔、米开朗琪罗接触很少，却对两人"影响"很大。

（二）拉斐尔·桑齐奥

拉斐尔·桑齐奥（1483.4.6～1520.4.6），意大利画家。拉斐尔出生于古代意大利地区"威尼斯共和国"和"佛罗伦萨共和国"之间"马尔凯省"的一个小镇。他是"意大利文艺复兴三杰"中，与银行家瓜葛最少的一个，也是影响力较小的一个，仅仅是得到过美第奇银行的一些资助（问题是很多"文艺复兴大师"都受到过资助，所以没有特殊含义，仅仅是银行家豢养的一个艺术天才，客观上这是一件好事。后人不能责难一个接受金融僭主资助的青年画家，历史人物必须放在特定的历史条件下进行评说）。

他的父亲是"乌尔比诺公爵"[美第奇银行家族的掌权者（"佛罗伦萨共和国"1513～1519年的金融僭主）"洛伦佐·德·美第奇"的"御用画师"]的朋友，拉斐尔的名画《乌尔比诺公爵》就是讨好美第奇银行家的礼物。

"文艺复兴的教父"美第奇银行家族对拉斐尔很看好，可惜他英年早逝，36岁就离开了人间。这也让拉斐尔成了一个相对单纯的"艺术大师"，

而不是金融僭主制度的推动力之一，这是一个"文艺复兴"中的特例。

（三）米开朗琪罗

米开朗琪罗（Michelangelo，1475.3.6～1564.2.18.），1475年生于"佛罗伦萨共和国"的加柏里斯镇，是"威尼斯共和国"时期著名的雕塑家、建筑师、画家和诗人。他与达·芬奇和拉斐尔并称"文艺复兴三杰"。

米开朗琪罗和拉斐尔、达·芬奇不同。很大程度上像是一个被银行家资助的贫寒青年画家，或是"威尼斯银行家"的核心人员。更像是后者，但又有差异。米开朗琪罗就出生于"佛罗伦萨共和国"的银行世家，他本人就是一个银行家。但他喜爱艺术，也有杰出的艺术天赋，被美第奇银行家看上，成了一个特殊的"艺术大师"。著名的"大卫王"雕像，就是他的作品。

米开朗琪罗虽然不是出身大银行家族，父亲经营也不算成功，但他的家族几百年间都是银行家，父亲还曾出任卡布里斯镇的司法官和奎奇市的行政长官。这就让他养成了不知谦让的性格，常与朋友，甚至恩主发生冲突。但美第奇银行家族虽然打垮了这些中小银行，但对于他们的子弟，尤其是米开朗琪罗这样优秀的天才，非常的恩待（这是美第奇银行得以在欧洲实现金融僭主制度的重要原因之一），也对米开朗琪罗的"孩子气"一笑了之。

米开朗琪罗曾经和一位石匠（石匠全家人）住在一起，学习手艺。此时，他的父亲在那里拥有大理石露天采矿场和农场。一个银行家和石匠在一起，不仅是为了学习雕刻艺术。因为，石匠的学徒制度很严格，需要加入"石匠工会"，也就是"Mason"，是古典共济会的一个分支，不是单纯的"石匠组织"，而是一个和银行家颇有渊源的秘密组织。

米开朗琪罗从小就被送入"美第奇花园"进行系统培训，这让他得以雕刻出完美的人体（这来自艰苦和昂贵的人体素描基础，民间的艺术家很难做到这一点），但也让他的作品有某种定式，比如即便是女性，也被雕塑成肌肉健硕的样子，这也成了米开朗琪罗作品的特点之一。

米开朗琪罗与美第奇银行的关系越来越紧密，他的很多作品，都是由美第奇银行预先"定下的"，这样他成了必然的大师，民间即便有雕塑大师，作品没人要，也就很难坚持下来（比如"大卫像"就是罗伦佐·德·美第奇为金融僭主的时候，高价预订的作品）。

美第奇银行的家族坟地，都交由他来设计，其中著名的雕像："昼"、

"夜"、"晨"、"昏"，是美第奇墓地的优秀作品。

纵观米开朗琪罗一生，他是一个银行家中的优秀子弟，是美第奇家族的密友，但比达·芬奇要"单纯"得多，可以看做是一个银行家培养的艺术大师，这和达·芬奇有本质的不同。

图片说明："文艺复兴三杰"之一，米开朗琪罗。雕塑《大卫像》、壁画《最后的审判》堪为传世佳作。

六、永恒的谜题——谁是"主人"？

（一）谁是"威尼斯银行家"的代表？

"威尼斯银行家"到底是谁？这个问题深刻而复杂，不仅是一个"金融战役史中的谜题"，也是欧洲历史中的千古之谜，这个谜底深刻地影响着后来的欧洲历史，也构筑了银行家的灵魂与行为准则。

在"威尼斯共和国"早期，"威尼斯商人"们相互之间不仅存在竞争，也存在着合作，在一片蛮荒的土地上，相互壮胆、相互竞争，共同开拓着"威尼斯共和国"。这时，不能说没有大商人家族，但哪个商人家族也不能主导一切。这不是一个多么"美好的时期"，但没有银行家之间的殊死搏斗（这种较量在后期，经常出现银行家族相互灭门和暗杀的现象，完全脱离了商业竞争的轨道）。

（二）第二银行势力的形成——银行武装的"叛乱"

罗马金融战役以后的几个世纪，"威尼斯银行家"形成了，欧洲金融资本也空前地壮大了起来。这却带来了"威尼斯银行家"的一次大分裂和内斗，其本质是进一步的资本凝结。本来，以"威尼斯共和国"为中心，以"十人议会"银行贵族家庭为领导者的模式，金融资本的影响力向整个意大利地区，乃至欧洲辐射。

但早期"合作的朋友"，也就是欧洲传统贵族中的银行代理人阶层，也跟着银行家壮大了起来。他们不愿意继续臣服于"威尼斯银行家"，试图"自立门户"。其中最典型的就是"维斯康蒂家族"（早期的米兰公爵家族）。很显然，这就不是一个"合作的态度了"，这个问题的本质是"银行代理人的第一次叛乱"。

对"威尼斯银行家"来说，这无异于"内乱"，这就需要组织银行武装予以镇压，本来就存在的银行家族成员组成的贵族武装不足以应付这种局面。银行雇佣军体制就自然而然地成了唯一的选择。

"威尼斯银行家"没有想到的是，银行雇佣军阶层并不可靠，这些雇佣军对于把劫掠来的财富交给"威尼斯银行家"，然后领取"佣金"的模式，感觉"很吃亏"，不如干脆"自立为王"不是更好吗？其中最为典型，也是真正对"威尼斯银行家"产生了长远影响的就是银行武装雇佣军头领。1450年，雇佣兵首领弗兰西斯科·斯福查（1401～1466年）打败了"米兰公爵"后，脱离"威尼斯银行家"的主导，在"米兰公国"自立为新的"米兰公爵"，建立了斯福查家族的统治。

此后，"威尼斯银行家"对银行雇佣军体制开始表现出极度的不信任，越发依赖商业情报组织和告密、酷刑，这就激化了银行家内部的矛盾。虽然"威尼斯银行家"最终消灭了这股叛乱的银行雇佣军，但过程却复杂万分。此时的"威尼斯银行家"，还是原来的"威尼斯银行家"吗？

（三）第三银行势力的形成——"热那亚银行家族"

"威尼斯银行家"的形成过程，就是一个垄断和兼并的过程。对于"胜利者"来说固然是"无限风光的上升阶段"，但对于"失败者"来说则是破产和家族悲剧的开始。

尤其在"十人议会"形成前后，"威尼斯银行家"出现了一些垄断一切

的银行家族，他们依靠政权进行资本积累，而不再需要进行"商业竞争"，也根本不考虑市场经济的游戏规则。他们随时可以从"狮口"中拿出一封举报信，说某个商人家族"违法"（比如隐瞒收入，就是大罪），然后就可把这个家族整个铲除，秘密处决。"狮口"就是恐怖的地牢。在秘密刑讯、秘密"审判"、秘密处决的垄断银行资本统治下，所谓的"口供"是毫无意义的，即便是"民选的总督"（相当于总统，"威尼斯共和国"的最高领导人），也可以被"十人议会"逮捕处死，就不要说"威尼斯商人"了。在这种残酷的、不公平的资本兼并过程中，不仅中小银行家逐渐萎缩，一些"非主流"的大银行家也开始感到不妙，逐渐离开了"威尼斯共和国"。

这些"非主流的威尼斯银行家族"主要集中在"热那亚"，也就建立了"热那亚共和国"。由于"非主流"与"主流"之间不存在"技术门槛"、不存在"资本差距"，大家对于各种金融战策略和阴谋诡计心知肚明，各种复杂的联姻和秘密结盟又导致"你中有我、我中有你"，这就是"热那亚战争"一直久拖不决，而且"胜者不胜，败者不败"的原因。

很显然，主流的"威尼斯银行家"比"非主流的热那亚银行家"强大，但"非主流的银行家"联合了（如果他们不是始作俑者的话）"叛乱的银行武装"——"米兰公爵"斯福查家族，这就导致了问题的复杂化，也导致了力量的天平摇摆不定。"主流的威尼斯银行家"（控制着"威尼斯共和国"的银行家族）也感觉很不好处理。

问题就进一步地复杂化了。

（四）第四银行势力的形成——银行代理人家族"美第奇家族"

不论是"主流"还是"非主流"，"威尼斯银行家"与传统欧洲贵族的较量一直没有停止，这就让他们之间出现了一种"时而战争，时而联盟"的状态。

必须承认，有一个问题很难准确回答：在"威尼斯共和国"（"主流银行家"）、"热那亚共和国"（"非主流银行家"）、"米兰公国"（"失控的银行雇佣军"）之外，突然出现的"佛罗伦萨共和国"的"美第奇银行"到底是谁在背后支持？

如果说积累了几百年的"威尼斯银行家"（包括"主流"和"非主流"）都无力建立欧洲金融僭主制度，一个凭空出现的美第奇银行却做到了这一切，这是"不合情理的怪事"。各种迹象表明，"美第奇银行"不是一个银

行家族的产物，而是整个"威尼斯银行家"在背后支持，这不过是一个新的事物——银行代理人家族。

在历史上，"美第奇银行"并没有明确支持"主流"或者"非主流"，这显而易见是明智的，这就好比一个经理不能随便对控股董事进行评论，也不能随便介入，而只能尽量保持一种平衡，这样才能发展自己，保存自己。欧洲历史学家普遍认为美第奇家族一直在寻求"意大利地区"的"和平"，这种错觉就是由此产生的。

但随着美第奇银行的影响力逐渐扩大，"经理人阶层"逐渐通过联姻在欧洲建立了实际的金融僭主地位。他们就开始在"董事会"中选择一派"董事"进行扶植了。如果出于"忠诚"应该选择"威尼斯共和国"的"主流银行家族"效忠，但如果是为了争夺"整个董事会的主导权"，则选择扶植"相对弱小的一方"结盟更能增加自身的价码。

所以，"佛罗伦萨共和国"在中后期有联合"热那亚共和国"制衡"威尼斯共和国"的现象。这就形成了"主流银行家"（"威尼斯共和国"）对抗"代理人家族"（"佛罗伦萨共和国"，美第奇银行）、"非主流银行家"（"热那亚共和国"）、"失控银行雇佣军势力"（"米兰公爵"斯福查家族）的局面。

"3：1"，这个局面其实还受到另外两个因素的左右。

1.欧洲贵族的势力，他们的选择逻辑与美第奇银行家族类似，这本来也是一个利益的选择，而不是道德的选择，不论客观如何，贵族们都试图摆脱"威尼斯银行家"的幕后统治，主观都是为了削弱"威尼斯共和国"，矛头也就都指向了"主流银行家"。

2."威尼斯共和国"内部的中小银行家族，他们无足轻重，但足以让力量的天平"向左或者向右微微地挪动一点点"，就这宝贵的一点，也就成了各方拉拢的价值。这就加剧了"威尼斯共和国"内部的矛盾和裂痕（当然，对于另外几方也一样，不单纯是针对"主流银行家"）。

（五）核心砝码

如果说"主流银行家族"和"非主流银行家族"是天平的两端，这时起到决定意义的就是被看成"砝码"的代理人家族——美第奇银行。这无形中改变了美第奇银行家族的性质，让他们从经理人家族，变成了银行僭主体制的关键。

一些迹象表明，"威尼斯银行家"的内涵大致经历如下几个阶段的演变。

第一阶段：4种银行势力形成的阶段。

第二阶段："3∶1"对垒局面形成的阶段。

第三阶段："威尼斯主流银行家"被急剧削弱的阶段（这个阶段也是美第奇银行势力逐渐上升的阶段）。

第四阶段：美第奇银行主导一切的阶段（也就是美第奇银行的代理人角色与主流银行家"合流"的阶段）。

第五阶段：由美第奇银行主导的"新主流威尼斯银行家族"势力秘密对垒"银行雇佣军势力"和"非主流热那亚银行家族"的阶段。

第六阶段："银行雇佣军势力"与"热那亚银行家族"逐渐被削弱，最终与"新主流银行家族"合流的阶段。

第七阶段：一个复杂的新威尼斯银行家阶层形成的阶段，美第奇银行家族独立存在的意义逐渐消失了。

第八阶段：经过"主仆易手、大起大落"的几百年较量，所有幸存的银行家族都心有余悸。此时，"主流银行家族"的数量已大幅减少，可能不超过10个银行家族。他们学会了韬晦，纷纷隐姓埋名，放弃了对"威尼斯共和国"弹丸之地的争夺。

第九阶段："威尼斯银行家"经历了"内部资本兼并"、"大航海时代"、"工业革命"的洗礼，逐渐转变成了"跨国垄断金融资本"。他们开始构筑"跨大西洋联盟"，也是跨大西洋的金融僭主体制，彻底跳出了"威尼斯地区"、"意大利地区"，甚至欧洲地区的地缘政治局限，满怀自信地走进了一个新时代。

（六）乔凡尼·德·美第奇

乔凡尼·德·美第奇是美第奇银行的创始人。他是"威尼斯银行家"选择的代理人，一个"时代的幸运儿"。他的优势很明显，不完全是依靠"命运之手的安排"。

优势一：乔凡尼·德·美第奇（1360～1429）是个落魄的银行世家。他对于银行业务特别熟悉，又没有足够资本"独自经营"下去，有强烈的"合作意愿"，也有足够娴熟的专业技能。

优势二：乔凡尼·德·美第奇有一定的政治影响力，做过一任"正义旗手"（一个"佛罗伦萨地区"类似于"威尼斯总督"的职务）。

优势三：他很本分，对于除了银行专业事物以外的事，有点"事不关

己、高高挂起"的意思，对政治并不热心，是个典型的银行专业经理人。

图片说明：乔凡尼·德·美第奇，美第奇银行帝国的真正"开拓者"，"威尼斯银行家"的第一任经理人。绰号"国父"的科西莫·德·美第奇的父亲，绰号"华立者"的洛伦佐·德·美第奇的曾祖父。

乔凡尼·德·美第奇从父亲的遗产中仅得到很少的金币，因为他父亲的遗产由遗孀和5个儿子继承，本来就不多的家产，被"稀释"了。乔凡尼·德·美第奇比一般的平民富裕，但如果不是有特殊的机遇，他就苦干几辈子，也不可能再次跻身银行家的行列了。即便他是个天才，也最多是从一个中小银行家开始资本积累，不可能一下子发达起来。

但历史就"缺少了这一页"，他突然就开始做起了"跨国"银行的大买卖。他的家族银行在意大利地区遍地开花，不仅参与"教廷的事务"，还同时开办矿山，很快成了"教皇"的特聘财务代理人。

这"缺少的历史记录"并不难解——"威尼斯银行家"找到了乔凡尼·德·美第奇，他幸运地成了"威尼斯所有银行家族"的总代理人，这对于集中银行家的影响力，减少银行家族之间的兼并起到了很好的作用。

美第奇家族在乔凡尼·德·美第奇手中，迅速发展了起来，开始影响意大利，乃至整个欧洲。

（七）科西莫·迪·乔凡尼·德·美第奇

科西莫·迪·乔凡尼·德·美第奇（1389.9.27～1464.8.1），绰号"国父"。

他是在古代欧洲公开实行幕后金融僭主制度，并将这种制度"惯例化"、

"合法化"、"公开化"的第一人。从此构建了一个幕后金融僭主世袭主导，前台"议会"和"总督"作为傀儡和官僚体系的新统治模式，让欧洲传统"贵族推举制"被更加落后的世袭僭主制度替代，让古代欧洲第一次进入了一个没有任何监督可能、没有任何知情可能、没有任何流动可能、没有任何优选可能的幕后世袭金融僭主掌权的历史阶段。

图片说明：科西莫·迪·乔凡尼·德·美第奇（1389.9.27～1464.8.1），绰号"国父"，美第奇银行金融僭主制度的开创者。

1434 年，科西莫·美第奇在"佛罗伦萨共和国"建立起了僭主政治，成为真正的无冕之王。后来，美第奇银行通过复杂的联姻，让家族成员在欧洲许多国家拥有了不同程度的影响力，从直接"摄政"到家族后代出任各国君主，影响了欧洲长达几个世纪。

（八）洛伦佐·德·美第奇

洛伦佐·德·美第奇（意大利语：Lorenzo de' Medici，1449.1.1～1492.4.9）。美第奇银行被称做"文艺复兴的教父"，他就是始作俑者。

没有洛伦佐·德·美第奇就没有所谓的"文艺复兴"，具有讽刺意味的是，没有"威尼斯银行家"，根本就不会有所谓的"中世纪"。洛伦佐·德·美第奇是一个时代的开始和终结。在他的年代，银行家族之间的资本兼并已经完全依靠"政治手段"，商业竞争则彻底退出了历史舞台。这是一个影响非常深远的变化，有欧洲学者评价洛伦佐·德·美第奇说："他对美第奇银行业务拓展不利，甚至动用了国库资金解决银行的财政危机。"这根本是一

种误解。洛伦佐·德·美第奇时代，金融僭主制度已经空前成熟起来，根本就无所谓"国库"与"银行资本"之分，美第奇银行表面的"业务开拓凝滞"，其实却表现为"佛罗伦萨共和国"对全欧洲的影响力的拓展和无穷的回报。这是一种畸形的银行资本正化的征候，但恰恰是美第奇银行，或者说是洛伦佐·德·美第奇的大发展时期，而不是相反。

这里举一个洛伦佐·德·美第奇时期美第奇银行与其他银行家族相互兼并的真实案例。1478年4月26日洛伦佐·德·美第奇和他的兄弟朱利亚诺·德·美第奇去教堂参加复活节礼拜，另一个银行家族"帕齐家族"开始了一次凶险的暗杀。洛伦佐·德·美第奇在保镖的护卫下，侥幸逃脱了厄运。但他的兄弟朱利亚诺·德·美第奇和其他人被"帕齐家族"的银行武装全部刺死。

洛伦佐·德·美第奇在这个银行家族之间的火并中，显示出了空前的才干。他在纷繁复杂的情报来源中，准确地发现了是大银行"帕齐"组织了这次针对美第奇银行的暗杀行动。他不仅果断，而且刚毅残忍——就在他冷静地了解暗杀事件真相以后，出动美第奇银行的杀手，将"帕齐银行家族"的家宅包围了起来，把所有的人杀了个干干净净，彻底铲除了隐患，一举兼并了竞争对手的全部资产。

这就是"文艺复兴"时期，"威尼斯银行家"相互之间资本兼并的典型特征：政权化、黑帮化、军事化、公开化，无所不为、无所顾忌。在这种历史条件下，认为洛伦佐·德·美第奇对开拓美第奇家族的市场无所建树的说法，是幼稚和脱离时代背景的。银行资本一旦进入垄断阶段，就与市场经济分道扬镳了，从此制订和扭曲市场规则牟利，直接动用立法权和暴力权打击竞争对手和取得利润，就成了主要，甚至是唯一的手段。对银行家族来说，这不是一个"道德"问题，而是一个"效率"和"收益"的问题。

洛伦佐·德·美第奇对欧洲金融资本最大的贡献有两个：

1. 在洛伦佐·德·美第奇之前，"威尼斯银行家"的还比较保守，沉迷于"过去的荣誉和经验"，有落后于时代的倾向。银行家提出所谓的"文艺复兴"口号时，目的在于不愿看到欧洲出现资本主义萌芽和"大航海时代"导致的金属币流动性充足，试图推行"复古主义"，用古希腊（城邦奴隶制）制度替代欧洲逐渐出现的列强争霸体制。站在"威尼斯银行家"的传统角度来说"这是对的"。但洛伦佐·德·美第奇敏锐地看出了时代在变，银行家必须进行战略调整，不能抱着"过去的经验"不放。

他彻底地调整了"文艺复兴"口号的内涵，让银行家再一次站在了"大航海时代"和"工业革命"的领导者地位，"文艺复兴"从此开始与"黑暗的中世纪"对立起来，而不再提及对古希腊奴隶城邦体制的赞美，似乎从一开始"文艺复兴"就是一个"工业革命"的口号，美第奇银行也就成了"文艺复兴"的教父。

2. 在洛伦佐·德·美第奇之前，欧洲垄断银行家族崇信银行武装、依靠市场回报牟利，在洛伦佐·德·美第奇之后他们开始更加看重"软实力"，金融冷战逐渐替代的金融热战（金融热战不见得减少了，但银行武装却逐渐地暂时退出"历史舞台"，第一次武装银行时代走向了没落），也更加清醒地认识到了垄断金融资本对市场利润的取得不可能再依靠"游戏规则下的开拓"，而必须建立在对政权的主导基础之上（这是由于垄断金融资本的"胃口"太大，已经超越了任何一个欧洲主权国家的财力和市场，他们取得垄断利润，就必然要和各国的财政货币权力发生直接冲突，这跨国垄断金融资本不断发展的结果，是一个必须被银行家族"理解"并"解决"的"新问题"）。

（九）总结

"威尼斯共和国"的历史，就是一部绚丽的金融战役史。无数才智过人的银行家，书写了无数完美的成功和不朽的失败。欧洲古典金融战役被"威尼斯银行家"发展到了极致和巅峰。在当时的历史条件下，没有任何人可以达到更高的水平。抛开道德不谈，"威尼斯商人"披荆斩棘在一片盐碱滩上建立起了一个伟大的国度，至今留下了一座美丽的海滨小城和无数的故事，他们中的千分之一，演变成了"威尼斯银行家"；十万分之一的家族最终演变成了跨国垄断银行家族，创造了资本世界能够达到的凝结极限。

在那遥远的岁月，金币对于银行家的意义不再是财富而是权力。他们点燃了一堆又一堆"繁荣的火焰"，又在离开时，留下了一堆又一堆"灰烬"，这就是"威尼斯的泡沫"。

可站在历史的高度，不，站在永恒的物质世界的高度，这些"幸运儿"不值得羡慕，他们成了资本怪物控制人类的仆人，奴役者必被奴役。欧洲古代"威尼斯银行家族"的繁荣与奢华，才是真正的"威尼斯泡沫"。

这是一个智者悲凉、勇者胆寒、仁者叹息的时代，让金融战役史的尘埃慢慢落下，让逝者安息吧！

第九章
"一句话"的世界金融战役简史

一、简介

本章试图用简单的"一句话"（实际是一段话），评价一个国家（以近期联合国成员名单为准）的金融战役简史，希望能够逐渐勾勒出一个包括世界所有国家的金融战役简史。这必然是一个简而化之的过程，也必然是一个管中窥豹的过程。这里不奢求面面俱到，只希望尊敬的读者了解一个事实：金融战役昨天、今天和明天的脚步，遍及人类社会的每一个角落。

有趣的是，很少有人知道金融战役学和金融战役的存在。

二、"一句话"的世界金融战役简史

（一）埃塞俄比亚联邦民主共和国（简称"埃塞俄比亚"，下同）

埃塞俄比亚是一个美丽的非洲国家，人口 7740 万（2005 年数据），国土 110.36 万平方千米（埃塞俄比亚概况. 新华网: http://news. xinhuanet. com/ziliao/2002-06/19/content_447655. htm）。

埃塞俄比亚是具有 3000 年文明史的古国，早在公元前 975 年，孟尼利克一世就在此建立了努比亚王国（同期的英国、法国还是一片荒芜之地）。埃塞俄比亚实体经济规模很大，2001 年牲畜存栏总数达 1.3 亿头。埃塞俄比亚不仅源源不断地为美元体系提供着大量的肉食、咖啡，还不断出口着石油、天然气、煤、金、铂、铜、钾盐、锌、铁、镍、木材等数不清的实体商品。与此同时，埃塞俄比亚屡次暴发惨烈的大饥荒（仅在 1984 年埃塞俄比亚的饥荒中，就有约有 100 万埃塞俄比亚人最终因饥荒而死去，同年却向西方出口了大量的咖啡、肉、粮食，换取数字美元，用于"归还"沃尔克冲击造成的接近 20％的"美元援助"的利息，并被迫借入了更多的"新债"用于归还无力归还的"部分利息"）。埃塞俄比亚被"国际大分工理论"所误导，整个国家被迫生产咖啡这一单一农作物，以此来归还不断增加的

美元债务，结果成了"世界最贫穷的国家"之一。

一句话：埃塞俄比亚是典型的美元体系和金融战役的牺牲品，尤其是在布雷顿森林体系确立之后，逐渐落入了美元债务陷阱和"国际大分工理论"的"高端学术"陷阱，成了一个同时向美元体系输送实体商品和资金的国家（与华尔街媒体所宣传的截然不同，埃塞俄比亚是美元体制的资金来源，而不是相反）。一个实体经济大国、资本输出国、牧业大国，却"奇妙地"陷入了饥荒和贫困，并背负了一个"债务国"的名分，这就是美元广义回流机制的体现，是世界金融战役历史中最辉煌、也是最肮脏的一页。

（二）莫桑比克共和国（简称"莫桑比克"，下同）

莫桑比克人口 1940 万，面积 80.16 万平方千米，位于非洲东南部。13 世纪时就曾建立过繁荣昌盛的莫诺莫塔帕王国，但其发展进程被欧洲"开辟海外领地"的浪潮所打乱，16 世纪初，莫桑比克遭葡萄牙殖民者入侵，18 世纪沦为葡萄牙的"保护国"，1951 年成为葡萄牙"海外省"， 1975 年 6 月 25 日，莫桑比克宣告独立（莫桑比克概况. 新华网：http://news.xinhuanet.com/ziliao/2002-06/19/content_447710.htm）。

莫桑比克是实体经济大国，堪称粮食之乡，每年为美元体系提供大量玉米、稻谷、大豆、腰果、棉花、糖等。腰果产量曾达到世界总产量的 50%。莫桑比克还为美元体系提供着钽、煤、铁、铜、钛和天然气等宝贵的资源，其中，钽矿储量居世界之首，钛的探明储量竟然高达 600 万吨。可这样一个富饶的实体经济大国，在美元虚拟经济的主导下，竟然陷入了所谓的债务危机。莫桑比克每年的出口总额低于美元债务总额的 10%。在美联储主席沃尔克制造的"沃尔克冲击"中，华尔街对非洲的"美元援助"利率高达 18% 以上（而且是"利滚利"的复息，这些"援助款"至今也没有"还清"）。 莫桑比克每年不仅给美元体系提供大量的实体商品，还给"欧美债权国"提供着大量的美元资本回流，整个国民经济被美元债务陷阱所主导（根据联合国资料："1998 年莫桑比克的债务与国内总产值之比已经达到 210.8%"。联合国. 解决债务问题：http://www.un.org/chinese/events/ffd/mediakit2.htm）。

一句话：莫桑比克是美元虚拟经济 20 世纪 80 年代开始的"债务金融主义"阶段的典型牺牲品，是一个"进入稳定状态的美元财富转移机制的目标国"，是金融战役学中"广义美元回流机制"的完美案例。

（三）**海地共和国**（简称"海地"，下同）

海地是一个美丽的加勒比海国家，风光宜人，物产丰富。海地人口830.4万，2.78万平方千米的领土上可耕地面积达55.5万公顷（1公顷约等于14.99亩，共计折合831.945万亩），也就是说在这样一个热带国家（"北部属热带雨林气候，南部为热带草原气候。"海地概况. 新华网：http://news. xinhuanet. com/ziliao/2002-06/23/content-453180. htm），人均占有耕地超过1亩。海地耕地只要有25%生产"两季稻"（我国东北地区的水稻1年收获1次，热带地区可以收获2～3次，收获3次的叫"三季稻"）就可以满足海地全国的粮食供给。可就在笔者垫书桌的一张报纸上，赫然就是海地饥荒中，灾民争抢粮食的大幅照片（绝望海地·灾重民乱. 北京：北京青年报. 2004.9.27，A18）。

海地出产铝矾土（探明储量高达0.12亿吨）、金、银、铜、铁、木材，每年出口大量的咖啡、棉花、可可、大米、玉米、高粱、香蕉，但收入的美元大多被美国跨国公司取得，余下的却用于向美国购买粮食、农药和化肥，不仅时常无法保障本国的粮食供给，甚至一边出口"热带农作物"，一边"闹饥荒"。华尔街不仅推行所谓的"自由主义经济"，还对海地进行了债务控制和"直接插手"（"我是被手枪顶着离开国家的。"被迫流亡中非共和国的海地总统阿里斯蒂德在接受美国有线电视网采访时，对于美国对他的"现代式绑架"表示了强烈愤慨。陆洋. 海地政变背后的拉美危机. 新浪新闻网：http://news. sina. com. cn/w/2004-03-08/16513004029. shtml），制造了海地"可控制的不稳定"，让海地成了美国的"热带商品来源"和"美元资本来源"（对于欠下巨额美元债务的海地，不停出口"热带商品"，进口粮食、农业、化肥则成了一个无法自主摆脱的金融战陷阱）。

一句话：海地的"贫困"和"饥荒"不是本国实体商品出产不足，而是国民经济被华尔街推行的所谓的"自由主义经济学"所主导，包括土地在内的大量实体资源和企业所有权，被跨国企业所拥有，失去了一切，却不自知。整个国民经济依靠外部资本进行推动，而所谓的"外部资本"不过是海地实体经济创造的，跨国财团取得的海地财富，这是金融战役史中上演了无数次的鬼把戏。

（四）**玻利维亚共和国**（简称"玻利维亚"，下同）

玻利维亚是位于南美洲中部的内陆国，是一个遍地宝藏的富饶国家，面积有 109.8581 万平方千米，人口却只有 980 万，拥有罕见的优势（玻利维亚概况. 新华网：http://news.xinhuanet.com/ziliao/2002-06/23/content_453168.htm）玻利维亚**每天**生产天然气 0.41 亿立方米，绝大部分用于出口。玻利维亚每年大量出口锡、锑、钨、银、锌、铅、铜、镍、铁、黄金，铁探明储量为 450 亿吨，石油探明储量为 9.29 亿桶，天然气探明储量为 14809.791 亿立方米，森林覆盖面积 50 万平方千米（占玻利维亚国土面积的 48%）。

但玻利维亚的本国财富一直被美孚石油公司、英荷壳牌石油公司国际金融财团所主导，国家长期陷入贫困，产业单一化（主要是矿业，而且矿山所有权和利润还在跨国公司手中，目前情况有所好转，矿产品不再"一家独大"）。玻利维亚紧紧依靠出口实体商品，就可以让每一个人过上很好的生活。但这样一个不停地为美元体制提供矿产品的国家却一度陷入了债务危机，"金融危机"频繁暴发。"1952 年 4 月人民武装起义后，民族主义革命运动领导人埃斯登索罗和西莱斯相继担任总统。其间，玻利维亚政府把英、美垄断资本控制的矿产公司收归国有，实行了土地改革。1970 年托雷斯将军执政时，又收回美资矿业公司租让权和撤销美国军事基地。"此后，玻利维亚的经济依靠天然资源，才逐渐走上了正轨。

但这不是说，美元体制在丧失了对玻利维亚矿产品"硬主导"的条件下，就丧失了金融战役的主导权。美元体制的核心是美元虚拟经济，其包括了一个涵盖了所有存在和不存在的商品名目的"世界美元电子交易体系"。真正决定矿产品价格的不是供需关系，而是"买入"或"卖出"的期货单据起决定性作用。这就是金融战役学中的"虚拟商品"的概念。目前也有"纸黄金"、"纸石油"的说法，就是指"虚拟商品"在某一个具体领域的存在。期货单据的多少和投入美元信用的多少成正比，不论是"买入"还是"卖出"，操盘者手中不需要真正有实体商品，就可以依靠美元虚拟经济的力量确定国际矿产品价格。所以，不停地出口实体商品的玻利维亚却常常陷入"金融危机"，国际期货交易价格下跌时，玻利维亚经济和金融就同时出现问题。2008 年 10 月，玻利维亚总统莫拉莱斯甚至不得不宣布："由于金属锌的价格大幅下降，该国矿产业处于紧急状态。"随后宣布了一系列"救矿计划"。人们有必要了解美元虚拟经济，对"纸锌"、"纸石油"、"纸

黄金"等"虚拟商品"的力量必须有足够的估计和准备。

一句话:玻利维亚经济是"美元虚拟经济"的牺牲品,是华尔街炮制的、所谓的"国际大分工理论"下诞生的"单一经济国"中的典型。玻利维亚已经初步认识到,其面临的"金融危机"、"国际矿产品价格波动"不是市场经济的产物,积极参与"美洲玻利瓦尔替代计划"[大约是由拉美各国(2004 年 12 月 14 日委内瑞拉总统查韦斯访问古巴时确立)组建的"区域合作组织",实际演变为区域货币替代计划,2008 年 11 月 26 日,提出了在"内部"替代美元的信用体系"苏克雷"(意为地区补偿统一制度),这等于把美元从"区域内贸易"中驱逐出去,对美元体系的影响深远]。

(五)瑙鲁共和国(简称"瑙鲁",下同)

瑙鲁位于太平洋中部,北距赤道约 41 千米,东离夏威夷 4160 千米,西南隔所罗门群岛距澳大利亚的悉尼 4000 千米。面积 24 平方千米,为一个椭圆形珊瑚岛,全岛长 6 千米,宽 4 千米,最高海拔 70 米。全岛 60%被磷酸盐所覆盖,瑙鲁的经济主要依靠开采和出口磷酸盐(瑙鲁概况. 新华网:http://news.xinhuanet.com/ziliao/2002-06/23/content_453243.htm)。

这应该是"世外桃源"了,金融战役的脚步似乎从来就没有在这个美丽的岛屿上响起,人们富足幸福。可实际上有关瑙鲁金融主导权的较量一直在进行。

1. 第一阶段:1798 年由英国主导,1888 年开始转由德国主导,20 世纪以后英国恢复了部分影响力。这个时期是瑙鲁由英国金融资本主导的历史阶段,可称为"英镑阶段"。

2. 第二阶段:布雷顿森林体系(1944 年)确立了美元对世界的主导地位,也就建立了一个美元世界。1947 年联合国开始对瑙鲁实施"托管"(名义上由澳大利亚、新西兰、英国"共管",这是一个"过渡期"),1968 年 1月 31 日,瑙鲁独立。

3. 瑙鲁现在使用"澳大利亚元"很常见,但澳大利亚元不完全是澳大利亚政府的国有货币,很大程度上是华尔街为首的"国际债权人"主导下的私有债务货币(央行已经开始"私有化"了,名义是"股份化",货币的性质和金融主导权也就跟着变化了……其实根本的问题是"独立央行理论"本身就有问题,根本就不需要一个"独立的央行",一个国家的央行也不能"独立于各国政府",否则一个国家就出现了两个权力中心。比如美国),

也就是说：美元体制围绕瑙鲁的金融主导权争夺，也是复杂和"一丝不苟的"，这个世界没有金融战役不曾涉足的地方。瑙鲁实际丧失了货币发行权，英国金融资本也丧失了对瑙鲁的主导权，美元体制正拥有瑙鲁的全部金融主导权和货币发行权（有关澳大利亚央行的历史，请参看拙作：江晓美. 货币长城·金融战役学. 北京：中国科学技术出版社. 2009）。

（六）冰岛共和国（简称"冰岛"，下同）

冰岛是欧洲最西部的国家（参考文献：冰岛概况. 新华网: http://news. xinhuanet. com/ziliao/2002-06/01/content_418818. htm），位于北大西洋中部，靠近北极圈，人口 27.6 万（2002 年），国土面积 10.3 万平方千米（可耕面积达到 150.1 万亩，渔业资源又异常丰富，故冰岛长期以来非常的富足，似乎不应该发生"金融危机"，也没有发生金融危机的"条件"）。

冰岛很富有，能源有充足的地热，食品即便依靠"广种薄收"和随便打几条鱼，就可以顿顿有肉，天天过年。20 世纪 90 年代末，华尔街找到了冰岛政府和企业，给他们解释"理财之道"，无外乎是"金融投资的妙处"和"你不理财，财不理你"一类令人动心的话语。冰岛政府和企业就动心了，然后委托华尔街购入了大量"金融衍生商品"。其中的 CDO（担保债权凭证）和 CDS（信用违约掉期）等所谓的"次贷衍生商品"大多一文不值，且当时就是一场骗局，但由于华尔街银行家控制的评级机构普遍给予了"高信用评级"，冰岛投资者并没有意识到这是一场金融战役，却建立了一个"金融产业立国"的方针，放弃了辛苦的渔业，进入了"轻松的"金融时代（也就是放弃依靠实体经济，转而开始依靠虚拟经济来制造"虚拟增长"。2005 年冰岛经济由于"金融产业"的"促进"，"经济增长"达到了 7%，但这是"虚拟增长"，代价也太大了）。

2008 年，冰岛陷入了"金融危机"，可以举一些有代表性的例子。

1. 冰岛原本富足，国家、企业和个人储备都颇有积蓄（所以冰岛的福利让很多到过冰岛的游客都感到很惊讶，与本书无关就不细说了），但 2008 年底，冰岛欠下外债超过 1000 亿欧元外债（雷达. 冰岛缘何一夜致贫. 人民网: http://world.people.com.cn/GB/1029/42356/8167008.html），人均负债 362318 欧元。如果债务利率是 5%，则每一个冰岛公民每年必须支付 18115.9 欧元，假设冰岛劳动力人口（扣除老人、丧失劳动能力者、未成年者）为总人口的 33%，则每年必须支付 54347.7 欧元的利息。实际上，由于冰岛是高福

利国家，"自愿失业人口"（也就是享受福利）的人不在少数，失业者也必然存在。实际冰岛的外债利息必须由"有工作的劳动者"来人均担负。可以毫不犹豫地说：冰岛经历了这次金融战役的洗礼，将从此成为"外国债权人"的债务奴隶，这笔债务永远也还不清，实际甚至没钱来归还每年的"复息"（利滚利，不归还"信用等级就会下降"，借贷利率就逐渐升高，直到"外国债权人"彻底控制，很难自主摆脱），只能借入新债，归还旧债。

2.冰岛政府的感到问题的严重。2008年10月8日英政府誓言，为维护本国民众利益，不惜把冰岛告上法庭。而与此同时，冰岛总统心脏病发作，目前病情稳定（英首相欲状告冰岛政府讨要存款·冰总统心脏病发作.人民网：http://world.people.com.cn/GB/1029/42356/8153246.html）。

3.冰岛百姓不理解金融战役。"阿特拉松告诉记者，冰岛人之所以能在这次严重的金融风暴面前比较坦然，根本原因便是有那套完善福利制度，也许因为国家困难，部分福利会相应调整，福利水平也会下降，但冰岛人确信不会出现根本性变化，这就使国民生活有了起码保障。"（雷达.冰岛缘何一夜致贫.人民网：http://world.people.com.cn/GB/1029/42356/8167008.html）很显然，金融战役的一个特征再一次得到了验证：不引人察觉、不为人注意、不被人理解。

4.冰岛主要的三家银行全部倒闭，被迫实行国有化。

5.德国、英国等国先后宣布冻结冰岛银行资产，"（2008年10月）13日，冰岛总理哈尔德尔在接受媒体采访时，严厉抨击英国政府'威吓弱小邻邦'，冻结冰岛银行资金，冰岛为此准备付诸法律行动控告英国"（参考文献同上）。

6.冰岛政府财政陷入"拮据"，冰岛在2009年3月24日，宣布关闭驻尼加拉瓜大使馆（冰岛的福利制度将会出现"调整"，幅度会超出冰岛人的预期，故冰岛金融战役的"后期效应"还没有开始）。

7.冰岛克朗大幅贬值，通货膨胀随之开始。

8.冰岛经济陷入衰退。

后　记

　　书写金融战役的历史，就像在摘取一个又一个芬芳的智慧果实，也许由于成熟到腐烂而有了一丝丝酒香，但却更加醉人和爱不释手。

　　一个在秋夜星空下数星星的小孩子，不知不觉就双眼迷离，迷失在那绚丽的光芒中，慢慢地睡去了……在物质世界中，有关金钱的斗争又何尝不是一场真实的迷梦呢？通过对历史的回顾，我们慵懒地走入了他人的一生，一个国家的兴衰也在我们品茶时，被无意之间"翻了过去"。但这绝不是毫无意义，因为我们今天的生活就是明天的历史。书籍中有各种令人可笑的"智者"、殚精竭虑的"骗子"、出卖自己的"小丑"，他们似乎相约而来，在不同的历史时期，在不同的国度，用不同的身份表演着一幕又一幕闹剧。

　　金融战役学的核心就是虚拟经济学，而虚拟经济学的核心就是虚拟的货币符号，这不过是私有制阶段特定的产物，是游离于实体经济之外的臆想。当人们用虚拟经济来描述实体经济的时候，人类是虚拟经济的主人；当一些人试图操纵虚拟经济来主导实体经济的时候，他们先成了资本的奴隶。

　　一个活的资本怪物，依托一个幼稚的集体意识的早产儿，莽撞地冲进了物质世界的"杂货铺"，紧紧抓住每一个"小玩意儿"不放，充满狡黠的眼睛四下看着，偷盗每一枚可以找到的硬币。历史老人默不作声，记录下了一切；自然母亲低头垂泪，收回了一张零分的答卷。

　　这就是金融战役始作俑者的真实写照。本书到此为止，但更多精彩、诡异的金融战役就在那里，等待着尊敬读者的赏读。谢谢！

http://abeautifulmind.blog.hexun.com/
homeofbeautifulmind@gmail.com
beautifulmin1711@sina.com

晓美工作室 2009 年 5 月 北京

《金融刺客——金融战役史系列丛书》